선거 이기는 人事, 정권 내주는 亡事

이 책은 관훈클럽정신영기금의 도움을 받아 저술·출판되었습니다.

목차

이 책을 읽는 분들에게   008

1장 • 文 정부 인사청문회에선 무슨 일이?

1. 첫 인사부터 '5대 임용 배제 공약' 위반   016
2. "청문회에서 다룰 것" 국회로 공 넘긴 靑   020
3. 대통령 말말말 1 "청문회 시달린 분, 일 더 잘 해"   024
4. 대통령 말말말 2 "개혁성 강하면 청문회 어려움 겪어"   027
5. 결함 있는 인사 발표는 '금요일에 만나요'   031
6. 코로나19 여파로 압승한 총선, '면죄부'로 오해   034
7. 2021년 보선 참패 후 첫 인사도 '논란 속 강행'   037
8. 대통령 말말말 3 "野 반대, 검증 실패라 생각 안 해"   041
9. 참여연대도 경질 요구한 文 정부 靑 인사수석   044
10. 文 발탁에도 野 대선 후보 등록한 윤석열, 최재형   048

2장 · 인사가 꼬이니 국정이 꼬이네

① 불현듯 검찰개혁을 외치다

1. 임기 초반 전방위적 '적폐 청산' 드라이브 — 057
2. '朴 탄핵' 동조 세력까지 적폐로 몰다 — 061
3. 靑 1기 특별감찰반 강제 해체, 왜? — 065
4. 법무차관의 택시기사 폭행에 흔들린 '큰 그림' — 070
5. 급기야 "검찰총장, 대통령 국정 철학 상관성 크다" — 074
6. 'MZ 이탈' 가속화 시킨 靑 수석 아들의 한 마디 — 078

② 졸지에 전쟁 대상된 부동산

1. 부동산 정책 28번 낸 文 정부 — 083
2. '1주택, 고위직 솔선수범' 카드까지 꺼내 — 087
3. '부동산과 전쟁' 선포한 靑 대변인의 투기 — 090
4. 가격 치솟는데 계속 "자신있다" 큰 소리 — 095
5. 'LH 사태' "해묵은 과제" 치부하다 선거 연패 — 099
6. 文 '매곡동 사저' 시세차익 17억 원 — 104

3 소득주도성장과 탈원전

1. 도입 초기부터 우려 제기된 소득주도성장 정책 — 108
2. '소주성' 실패 책임 뒤집어 쓴 통계청장의 눈물 — 112
3. 잇단 잡음에도 더 구체화하고 중장기 그림까지 — 116
4. 다이애나비의 죽음과 세계화, '소주성'과 자동화 — 121
5. 정권 내주자 민주당 강령에서도 빠진 '소주성' — 124
6. 원전사고 걱정 없는 나라 만들겠다더니, 외국에선? — 126
7. 곳곳에서 날아오는 '탈원전 청구서' — 130

4 내편 챙기며 장기집권 꿈꾸다

1. "국회에서 무슨 얘기 듣겠냐"던 대법원장 — 134
2. 위법한 블랙리스트, 적법한 체크리스트 — 137
3. '피해호소인' 입장문 발표 마저도 반대 취지 — 141
4. "보궐선거 838억 원, 성인지 감수성 학습비" — 144
5. '지소미아' 파동과 '갓끈전략' — 147
6. "세상 바뀐 것 확실히 느끼도록 갚겠다" — 152
7. 대선 끝났는데도 멈추지 않는 '알박기' — 158
8. 사상누각된 文 대통령의 15년 집권론 — 161

3장 · 임기 1/3 지난 윤석열 정부는?

1. 당선 직후부터 챙긴 '민정수석실 폐지' 공약   166
2. 민정수석실 폐지 후 늘어난 대통령의 부담   168
3. 여성가족부 해체 위해 투입된 여가부 장관   173
4. '정책 폐기'로 이어진 아쉬운 단어 선택   177
5. 장관 평균 나이 60세, 공염불 된 '30대 장관'   183
6. 고3 수험생들 울리는 정치권   187
7. '탑건' 매버릭의 파트너, '코드1' 尹의 파트너   191
8. 소통령 한동훈   196
9. "선거 져도 건전 재정하겠다"는 정치 실험   201
10. 멈춰버린 대통령의 '인사'   205
11. 제2부속실에 대한 '호부호형'을 허해야   208

4장 · 역대 대통령의 용인술

1. 역대 대통령의 인재풀   214
2. '3인3색' 三金이 정적을 대하는 방식   219
3. 은퇴 후 소록도 단체 봉사했던 국무위원들   222
4. 일찍, 자주, 진취적으로 실패하라?   226
5. 재주넘은 곰, 임무 완수하고 포승줄에 묶이다   230
6. 노무현-이명박-박근혜가 똑같은 생각?   233
7. 가장 강한 자에게 내 왕국을 물려주겠다   236
8. 충정은 이해하나 시기와 방법에 문제가 있다   239
9. "이러려고 그러셨어요?"…말 문 막힌 개국 공신   242
10. 정말 몰랐나? 아니면 알면서도 모른 척?   245
11. 文의 '김정은 용인술'   250
12. '해묵은 고전', 발광체-반사체 논쟁   254

5장 · 제도 개편보다는 결국 선한 정치로!

1. '곤란한 질문' 당부한 오바마처럼   260
2. win with class, lose with honor   263
3. 핀란드의 '정 많은 작은 밥 집' 카모메 식당   266
4. "서러운 세월만큼 안아 달라"는 정치의 종언   269
5. 허기짐 난무한 정치 생태계 속 '공유 권력'   272
6. 따뜻한 말과 마음이 오가는 정치권   276
7. 정치도 의학처럼 예방에 치중해야   280
8. 주어 바뀌어도 유불리 따지지 않는 기준   284
9. 약자 배려 조항 속 싹튼, 명연설 '코이'   288
10. 기교부터 배운 정치 신인들, 기본으로 돌아가야   293

맺음말   298
참고문헌   302

이 책을 읽는 분들에게

　영국 소설가인 서머셋 모옴William Somerset Maugham이 폴 고갱Paul Gauguin을 소재로 집필한 장편소설 『달과 6펜스』1919'에, '달'이나 '6펜스'에 대한 직접적인 언급은 나오지 않습니다.
　하늘 높이 떠있는 '달'은 이름다운 이상향을, 당시 영국의 가장 낮은 화폐단위였던 '6펜스'는 세속적인 돈과 물질을 상징한다는 정도의 유추만 가능할 뿐이죠.
　똑같이 '둥근 모양'에 '은은한 빛'을 내지만, 내포한 의미는 그야말로 천양지차天壤之差인 셈인데요.
　역대 대통령들이 국무총리와 장관을 비롯한 고위직高位職 '인사人事'를 할 때면, 국민들은 어김없이 '달'과 같은 분을 기대했습니다. 하늘에 떠 있는 달처럼 소망을 빌 수 있고, 한편으로는 우러러볼 수도 있는 분을요.
　하지만 임명된 인사들을 보면, 오히려 '6펜스'와 더 가까워 보이는 분들이라 기대가 곧 실망으로 바뀌기도 했습니다.
　똑같이 명문대를 나오고 각종 고시에 합격한 사회의 '리더 그룹'이자 '엘리트'일지라도, 그 인사에 대한 국민들의 평가는 '달'이 되기도 했고, 때로는 '6펜스'가 되기도 했습니다.

이력은 같지만 살아온 삶의 궤적이 다르다면, 국민들의 평가는 확연히 달라질 수밖에 없겠죠. '시대 상황'에 부합하는지 여부도 판단의 중요한 요소가 됐고요.

아쉬움 남는 인사가 어떤 정책을 낳았고, 그 정책이 다음 선거에 어떤 영향을 미쳤는지에 대해 정리한 책이 바로 『선거 이기는 인사, 정권 내주는 망사』입니다.

제가 정치부에 몸담았던 15년에 가까운 시간 동안, "인사人事가 만사萬事"라는 이야기는 정말 많이 들었던 것 같은데요. 그만큼 '인사'가 중요하기 때문일 것입니다.

세종대왕은 '백성을 가르치는 바른 소리'라는 의미의 훈민정訓民正音을 창제創製하면서 다음의 이야기를 했습니다.

"나랏말싸미 듕귁에 달아 문자 와로 서르 사맛디 아니할세, 이런 전차로 어린 백셩이 니르고져 홀베이셔도 마참내 제 뜨들 시러펴디 몯할 노미하니아. 내 이랄 윙하야 어엿비너겨 새로 스믈 여들 짜랄 맹가노니, 사람마다 해여 수비니겨 날로 쑤메 뻔한킈 하고져 할따라미니라."

당시 세종대왕은 언어가 달라 소통이 안 된다는 점을 지적했지만, 같은 언어를 쓰더라도 정상적인 소통이 안 될 때가 많습니다. 훈민정음의 내용을 우리 정치 상황에 맞게 의역意譯해보면요.

'정치권의 언행이 민심과 달라 국민들과 서로 통하지 않습니다. 정치인들 역시 정말 하고 싶은 말이 있어도, 이런저런 눈치를 보느라 자신의 속마음을 표현하지 못할 때도 있습니다. 이런 상황이 안타깝습니다' 정도가 되지 않을까요?

『군주론』의 저자이자, 근대 정치철학의 기틀을 잡은 사상가로도 꼽히는 '니콜로 마키아벨리Niccolò di Bernardo dei Machiavelli'는 "국민들의 마음에 미움과 경멸이 싹트는 순간, 음모를 꾸미는 자들이 생겨난다"고 했습니다. 그러면서 "미움과 경멸을 받지 않도록 하는 것이 자신의 지위를 확고히 하는 길"이라고 조언했습니다. 이 역시도 결국 민심民心을 잘 살피라는 이야기로 귀결되는데요.

'인사'는 한편으로는 대통령이 '국민의 요구를 경청하고 그 뜻을 잘 따르고 있다'는 점을 알리는 도구로도 쓰입니다. 국민이 야당과의 협치를 요구하면 '야성이 강한 인사'를 중용하고, 지역 균형 발전을 촉구하면 '출신지를 감안한 인사'를 하며, 대폭적인 물갈이를 원하면 '세대 교체용 깜짝 인사'를 내세우는 것처럼요.

대통령의 우수한 자질과 인간미, 유권자의 요구에 부응하는 정책과 이를 뒷받침할 정당 조직이 유기적으로 맞물려 돌아가도 '인사' 한 번만 잘못하면 모든 것이 허사로 돌아가기 때문에 '종합예술'이라는 표현으로도 부족함이 있어 보입니다.

민주주의는 '갈등 없는 사회'를 지향하는 제도가 아닙니다. 한정된 재화 속에서 늘 존재할 수밖에 없는 갈등을 '사회화'하고 '제도화'해서 민주적인 절차와 방식으로 합의점을 모색해 보는 제도입니다.

이런 측면에서 '달'에 가까운 인사는 갈등을 봉합하고, 우리 사회에 민주주의가 한층 더 뿌리내릴 수 있도록 하는 자양분이기도 했습니다.

사실 대통령 선거는 우리 사회를 '유토피아Utopia'로 이끌 '메시아Messiah'를 뽑는 게 아니라, 나라 살림을 잘 할 '머슴'을 뽑는 것입니다. 모든 권력은 국민으로부터 나오기 때문이죠.

민심이라는 파도와 시대정신이라는 바람을 거스르면 배는 결국 난파합니다. 파도는 배를 띄우기도 하지만 뒤집기도 하죠. 국민 개개인은 물방울처럼 흩어진 것처럼 보이지만, 한 번 모이면 배를 집어 삼기는 파도가 됩니다.

대통령의 잔재주와 정치 공학적 계산도 중요하지만, 매사每事 민의民意를 반영해야 난파를 면할 수 있죠.

저는 '사실주의 미술'의 선구자로 19세기 프랑스에서 활동한 화가, 귀스타브 쿠르베Gustave Courbet의 "나는 천사를 본 적이 없기 때문에 천사를 그리지 않겠다. 직접 체험한 당대의 모습만 꾸밈없이 미화하지 않고 정직하게 그리겠다"던 마음을 가슴에 새긴 상태에서 이 책을 써내려갔습니다.

제가 문재인 정부의 청와대를 출입하면서, 그리고 정치부에 몸담으면서 보고 듣고 경험한 내용들 위주로 '가감 없이' 담아보려 노력했습니다. 제가 경험하지 못했던 부분은, '사실이 아닐 수도 있다는 생각'에 최대한 보수적 관점에서 접근했고요.

미국 워싱턴포스트의 "사회적 약자의 목소리에 귀를 기울인다. 모든 형태의 교만을 거부한다. 겸손하고 솔직한 태도로 사람들을 대한다"는 보도기준과 기자윤리도, 제가 인지하는 선에서는 100% 지키려고 노력했습니다.

자신을 반성하게 만드는 일종의 '죄의식'과 상대의 모욕에서 기인한 '수치심'은 전혀 별개의 감정입니다. 이와 같은 감정 차이로 인해 나타나는 행동도, '달'과 '6펜스'와 같이 천양지차고요.

제가 이 책에서 누군가를 비판하는 것은, 과거의 실패를 미래의 자양분으로 삼자는 취지입니다. 모욕감이나 수치심을 주려는 '자양분 이외의 의도'는 전혀 없음을 밝힙니다.

이와 함께 혹시라도 제가 책에서 사실과 다른 부분을 언급했다면, 고의가 아니었고 언제든 사실에 부합하게 수정해드리겠다는 말씀도 아울러 드립니다.

이 책을 내기까지 직간접적으로 은혜를 주신 분들이 주마등처럼 스쳐 가는데요. 우선 저술 지원을 결정해주신 관훈클럽 관계자 분들과 책으로 엮어주신 하경숙 대표님을 비롯한 도서출판 글마당 관계자 분들, 다시 한 번 표지디자인 등을 맡아준 대학 후배이자 회사 후배인 김혜원 씨에게 깊은 감사를 드리고요.

제가 몸담고 있는 TV조선의 홍두표 회장님을 비롯해 전현직 대표님과 보도본부장, 그동안 제가 모셨던 정치부장들께도 '분에 넘치는 좋은 기회'를 주셔서 감사하다는 말씀을 드리고 싶습니다. 그분들이 계셨기에 제가 '소중한 경험'을 할 수 있었고, 당시의 경험을 토대로 책을 쓰겠다는 용기도 낼 수 있었습니다.

'원 팀' 경제부원들의 격려와 배려도 잊지 않고 있습니다.

마지막으로 제가 책을 쓰는 동안 회사 생활을 병행하면서도 집안 살림에 더해 아이 뒷바라지까지 전담해준 아내와, 아빠가 자주 놀아주지 못해도 짜증내지 않고 건강하게 잘 자라준 아들, 그리고 제 빈자리를 번갈아 채워주신 양가 부모님께도 감사함을 전하고 싶습니다.

2023년 7월 세종대로에서
백대우

1장

文 정부 인사청문회에선 무슨 일이?

01. 첫 인사부터 '5대 임용 배제 공약' 위반

02. "청문회에서 다룰 것" 국회로 공 넘긴 靑

03. 대통령 말말말 1 "청문회 시달린 분, 일 더 잘 해"

04. 대통령 말말말 2 "개혁성 강하면 청문회 어려움 겪어"

05. 결함 있는 인사 발표는 '금요일에 만나요'

06. 코로나19 여파로 압승한 총선, '면죄부'로 오해

07. 2021년 보선 참패 후 첫 인사도 '논란 속 강행'

08. 대통령 말말말 3 "野 반대, 검증 실패라 생각 안 해"

09. 참여연대도 경질 요구한 文 정부 靑 인사수석

10. 文 발탁에도 野 대선 후보 등록한 윤석열, 최재형

1 첫 인사부터 '5대 임용 배제 공약' 위반

제19대 대선을 목전에 두고 더불어민주당과 문재인 후보는 제19대 대통령선거 정책공약집 「나라를 나라답게」를 발간했습니다. 제1장 1절은 '적폐積弊 청산淸算'을 다짐하는 내용들로 채워졌는데, 여섯 번째 항목은 이른바 '인사人事' 관련 내용으로 채웠습니다.

「나라를 나라답게」 22페이지를 보면, "적재적소의 인사로 신뢰받는 공직사회를 만들겠다"며 '고위 공직자 임용 기준을 강화하겠다'고 밝혔습니다. 그러면서 병역기피·부동산 투기·세금 탈루·위장 전입·논문 표절 등 이른바 '5대 비리' 관련자는 고위공직 임용에서 배제하겠다고 대선 직전에 국민께 약속했습니다.

그에 앞서 '문 후보'는 민주당 대선 후보 결정이 거의 막바지에 다다랐던 지난 2017년 3월 19일, '민주당 후보자 경선 5차 합동토론회' 자리에서 "공직 후보는 문자 그대로 청와대 내 엄격한 검증·

인사시스템·국회의 인사청문회·국민의 감시와 비판 등을 거쳐 전혀 염려할 필요 없다. 역대 가장 깐깐한 인사 검증을 했던 민정수석이 바로 저 문재인이다. 그렇게 믿어달라"고 호소했습니다.

당시 '문 후보'는 "제가 대통령 되면 '광화문 대통령 시대'가 열린다. 대통령이 퇴근 때 남대문 시장에 들러 시민들과 소주 한 잔 하면서 세상 살아가는 이야기 나누고, 또 시국도 논하고 소통하는 모습, 어떻습니까? 저는 그런 대통령이 되려고 한다"고도 했지요.

그런데 당선 이후 행보를 되돌아보면, 결과적으로 이 토론회에서 '유명무실有名無實한 공약公約'이 많이 나왔던 셈입니다.

문재인 정부는 이른바 '87체제' 이후 처음으로, 대통령직 인수위원회를 거치지 않고 바로 국정운영을 시작했는데요. 우선 청와대 비서실을 꾸려놓고 국무위원 임명제청권이 있는 국무총리 지명자를 발표한 이후, 순차적으로 인사 검증을 마친 장관 후보자를 공개했습니다.

문 전 대통령은 당선 다음날인 지난 2017년 5월 10일, 이낙연 전남도지사를 신임 국무총리 후보자로 지명했습니다. 일주일 뒤에는 김상조 한성대 교수를 공정거래위원장 후보자로 지명했는데요. 공정거래위원장 후보자를 다른 장관 후보 보다 먼저 지명한 것을 두고, '문재인 정부가 얼마나 공정을 중요시할 수 있는지 알 수 있는 대목'이라며 추켜세우기도 했습니다.

뒤이어 김이수 헌법재판소 재판관을 헌재소장 후보자에, 강경화 UN 사무총장 정책특보를 외교부 장관 후보자에 각각 지명했습니다.

　그런데 웬일일까요? 전 정권 심판 기류가 강했던 만큼, 선거 운동기간 '큰 어려움 없이' 정권이 교체됐는데 '인사 문제'는 계속 꼬여만 갔습니다. 대통령이 정한 원칙은 물론, 국민 눈높이에도 못 미친다는 평가의 연속이었으니 말이죠.

　야당은 이낙연 후보자에 대해 위장전입·병역면탈·세금탈루·부인 그림 강매 등의 의혹을 강하게 제기했고, 김상조 후보자에 대해선 위장전입·논문표절·부동산 투기·다운계약서·겸직금지 위반·배우자 취업 특혜 의혹 등을 나열하며 '불공정위원장에 다름없다'고 혹평했습니다.

　강경화 후보자에 대한 위장전입·논문표절·부동산 투기·다운계약서·자녀 이중 국적 등을 둘러싼 의혹은 청문회 내내 시원하게 해소되지 않았습니다.

　당시 80~90%를 넘나들었던 문 전 대통령의 높은 지지율에 힘입어, 대부분의 후보가 공식 임명되긴 했는데요. 김이수 후보자는 국가관 논란·부동산투기·특정업무경비 사용 문제 등을 둘러싼 논란이 커져 지명 110일이 되도록 임명이 미뤄지더니, 결국 국회 표결에서 부결돼 낙마했습니다. 대선 당시 분위기만 봐선 상상할 수 없는 일이 벌어진 것이죠.

　문 전 대통령이 대선 전부터 강조했던 '청와대 내 엄격한 검증·인사시스템·국회 인사청문회·국민들의 감시 비판' 등이 제 기능을 못했기에 발생한 일이었을 것입니다.

그 이후 지명한 장관 후보자들의 상황도 크게 다르지 않았습니다. 도종환 문화체육관광부 장관 후보자는 논문표절과 62차례에 걸친 교통법규 위반·김부겸 행정안전부 장관 후보자는 논문표절과 배우자 재산신고 누락·김현미 국토교통부 장관 후보자는 논문표절과 친인척 보좌진 채용 등의 의혹이 제기됐습니다.

김상곤 부총리 겸 교육부 장관 후보자는 논문표절, 안경환 법무부 장관 후보자는 다운계약서·논문중복 게재·음주운전·자녀 이중국적과 여성관 논란, 조대엽 후보자는 음주운전과 학생들에 대한 고압적인 태도 논란, 송영무 후보자는 위장전입과 고액 고문·자문료 의혹 등이 문제가 됐습니다.

특히 안경환 후보자는 만나던 여성의 도장을 위조해 몰래 혼인신고한 의혹에 아들 특혜 논란까지 더해지자, 역대 법무부 장관 후보자 가운데 최초로 청문회 벽을 넘지 못한 사례로 남게 됐습니다.

'5대 인사 원칙'과 관련한 논란들이 계속 커지자, 청와대는 결격사유가 없는 다른 후보자를 재지명하는 것이 아니라 당시로는 정말 획기적인 방식으로 새롭게 디자인했습니다. 이른바 '자진 납세 읍소' 방식이었는데, 다음 장에서 계속 살펴보시죠.

2 "청문회에서 다룰 것" 국회로 공 넘긴 靑

　　　　　　　　　　　문재인 정부 출범 '한 달' 뒤쯤인 지난 2017년 6월 11일, 청와대 박수현 대변인이 김상곤·안경환·송영무·김은경·조대엽 등 5인의 장관 후보자 지명을 발표하기 위해 기자회견장인 춘추관을 찾았습니다.

　그런데 브리핑 직전 청와대 관계자가 취재진에게, "인선 발표 직후 잠시 카메라 장비 전원을 꺼달라"고 요청했습니다. "추가 질의응답은 녹화 없이 진행하겠다"면서요.

　이른바 '온On 마이크' 브리핑이 끝나고 장내에 있는 카메라 전원이 다 꺼지자, 박 대변인은 "질의응답 전에 한 가지 말씀드릴 게 있다"며 조대엽 고용부장관 후보자의 음주운전 경력과 송영무 국방부장관 후보자의 위장전입 사실을 털어놨습니다.

　사실 청와대의 이른바 '장관 후보자 흠결 선 공개'는 강경화 외교부 장관 후보자 지명 당시에도 "흠결을 먼저 밝히겠다"며 위장전입 사실을 공개한 바 있기 때문에 더 이상 신선할 것은 없었습니다.

다만, 강 후보자에 대해 언급했을 당시에는 카메라가 켜져 있었는데, 이날은 카메라가 꺼진 상태에서 이야기를 했습니다. 강 후보자에 대해 언급할 때까지만 해도 거리낄 것이 없었는데, 한 달 사이에 분위기가 아주 조금은 바뀐 듯한 느낌이 전해진 것이죠.

한 달 사이 카메라 전원뿐 아니라, 표현도 일부 달라졌습니다. 청와대는 강경화 후보자 인사발표 당시 '위장전입'이라는 단어를 사용했지만, 이날 송 후보자에 대해서는 '주민등록법 위반'이라는 표현을 썼습니다. 그리고는 "군인 특성상 발생한 문제로 파악됐다"며 사실상 '셀프 면죄부'를 줬습니다.

취재진이 '주민등록법 위반이라는 것이 위장전입을 의미하는 것이냐'는 취지로 묻자, "정식 용어는 주민등록법 위반이고, 청문회에서 위장전입인지 아닌지 다뤄질 것으로 예상한다"고 답했습니다. 그리고는 '송 후보자 관련해 국회(야당)에서 제공하는 의혹 관련 자료를 볼 것도 없이, 저희(청와대)가 정리한 걸로 문제제기를 하면 될 듯 싶다'는 취지의 언급도 했습니다.

김상곤 지명자 논문 표절 의혹 관련 질문에는 "저희 기준으로는 '높은 원칙'을 가지고 봤지만 인사청문회는 별개"라며 살짝 비켜갔습니다. 이 역시도 사실상 국회로 공을 넘겨 버린 것이죠.

그 당시까지만 해도 압도적 과반은 아니었지만 여대야소 국면이었고, 국정 운영 주도권을 여당이 쥐고 있었기 때문에 가능한 발언이었을 것입니다. "이전 정부와 확연히 달라진 모습을 보이겠다"고 공언했던 문재인 정부의 결기決起에 비춰봤을 때, 전체적으로 실망스러운 선택이자 태도였다는 느낌을 지울 수 없었죠.

그렇다면 당시 청와대가 '별개'라고 했던 인사청문회 결과는 어떻게 나타났을까요? '초대 내각' 전체 18명 가운데 4명이 낙마했습니다. 정권 초반, 대통령 지지율이 90%에 육박하던 상황에서 상상하기 어려운 일이 잇따라 벌어졌던 것이죠.

지금의 윤석열 정부처럼 압도적 '여소야대' 국면이었다면, 대통령 지지율이 40% 전후의 박스권에 갇힌 상태였다면, 정말로 10명 이상 낙마했을 가능성도 배제할 수 없습니다.

신뢰받는 공직사회를 만들겠다며 대선 공약으로 '고위공직 배제'를 약속한 '5대 기준' 위반 후보자가 전체 18명 가운데 13명에 달했으니, 이 정도 성적표를 받아든 것도 굉장히 선방한 결과였습니다.

청와대는 '1기 내각' 구성을 마친 뒤, 음주운전과 성범죄 관련 항목 2개를 추가해 '7대 배제 원칙'을 밝히면서 배제 범위를 한층 확대했습니다. 초대 국무위원 후보자들에 대한 '인사청문회 진행 상황 및 그 결과에 대해 '사과와 반성'을 하기보다 '도덕적 우월성 과시' 목적으로 도리어 항목을 늘렸던 것이죠.

이 같은 내용을 담은 발표는 2017년 11월 22일 이뤄졌는데요. 당시 김종호 공직기강비서관까지 대동시키면서 '인사 기준이 보다 엄격해질 것'이라는 분위기를 연출했습니다.

하지만 그 이후 인사에서도, 본인들이 세워놓은 그 기준마저 사실상 무력화無力化시키는 듯한 모습을 이어갔습니다. 특히 당시 문 대통령의 '인사 관련 발언'이 잇따라 도마에 오르기도 했는데요. 어떤 발언들이 있었는지 살펴볼까요?

3 대통령 말말말 1 "청문회 시달린 분, 일 더 잘 해"

문재인 전 대통령은 지난 2018년 8월 30일, 사회부총리 겸 교육부 장관을 비롯한 5개 부처 장관과 차관 4명을 새로 인선하는 중폭 수준의 '2차 개각改閣'을 단행했습니다.

청와대 김의겸 대변인은 "문재인 정부 2기를 맞이해 새 마음, 새 출발을 해보자는 의미의 심기일전心機一轉"이라며 "1기 때 뿌려놓은 '개혁의 씨앗'을 속도감 있게 성과를 내고, 다시 국민들에게 돌려주겠다는 의미"라고 부연했습니다.

그런데 이 때 지명된 후보자들 역시 청와대가 새롭게 제시했던 '7대 배제 기준'을 위반했습니다. "개혁의 씨앗", "국민들이 체감할 성과"라는 표현으로만 봐선 위반자가 없어야 맞을 텐데, 아쉽게도 그렇지 못했던 것이죠. 후보자 5명 가운데 3명, 그러니까 과반 이상이 사실상 '7대 원칙'에 반하는 분들이었습니다.

사회부총리 겸 교육부 장관 후보자였던 민주당 유은혜 의원과 합참의장 출신의 정경두 국방부 장관 후보자, 차관 출신의 이재갑

고용노동부 장관 후보자 모두 '위장전입 이슈'가 있었습니다. 관련 논란이 커지자 후보들 모두 이에 대해 시인하고 사과했죠.

여기에 유 후보는 아들 병역 기피 의혹, 정 후보는 석사학위 논문 표절, 이 후보는 비상장 주식 취득으로 인한 불법적 재산 증식 의혹과 세금탈루 시비 등에 휘말리기도 했고요.

앞서 청와대가 위장전입은 2005년 7월 이후, 논문표절은 2007년 2월 이후로 각각 기준을 정해놨던 만큼, 유은혜(위장전입 1996년), 정경두(위장전입 1999년/논문표절 2002년), 이재갑(위장전입 2000년) 후보들은 당시 청와대 시각에서는 무자격이 아니었습니다.

실제로 청와대는 "7대 배제 기준 위반이 아니다"라고 공식 논평하기도 했고요. 당사자들은 사과했지만, 청와대는 기준 위반이 아니라고 하는 상황이 벌어졌던 것입니다.

그런데 국무위원 후보자의 나이가 30~40대가 아니라면, 지난 2007년 이후 논문을 표절할 가능성이 얼마나 되겠습니까? 위장전입 시기도 그와 크게 다르지 않고요.

이런 상황 속에서 정 후보와 이 후보는 국회에서 가까스로 청문보고서가 채택됐지만, 유 후보는 청문보고서가 채택되지 않은 상태에서 문 전 대통령이 임명을 강행했습니다. 문 전 대통령은 당시 임명장 수여식에서 "인사청문회 때 많이 시달린 분들이 오히려 일을 더 잘 한다는 전설 같은 이야기가 있다"고도 했죠.

'국민 눈높이에 조금 안 맞았던 측면이 있었던 것 같다, 다음 인사에서는 이번에 놓쳤던 부분들까지 더욱 세심하게 검증하겠다'

정도의 발언을 기대한 제가 순진했던 것일까요? 갖가지 의혹이 있었던 부분에 대해 반성하는 것이 아니라, "많이 시달렸다"고 표현하다니요.

문 전 대통령의 이 같은 발언에 대해 야당인 자유한국당은 "그 오만한 태도가 매우 유감스럽다. 국회의 정당한 지적과 요청은 안중에도 없다고 공언한 것"이라며 "의회주의, 대의민주주의 자체를 부정했고, 반대하는 국민의 목소리는 이제 더 이상 듣지 않겠다는 불통의 정치를 하겠다고 천명한 것"이라고 비판했습니다.

바른미래당 대변인은 "청와대의 은혜恩惠가 눈물겹다"고 비꼬기도 했고요.

'네안데르탈인'과 비교했을 때 '호모사피엔스'의 장점 가운데 하나는 길을 찾는 능력이라고 합니다. 기존에 몸 담았던 곳에서 '등 떠밀리 듯' 자리를 내줘야 할 때도 있지만, '새로운 도전'을 위해 스스로 익숙했던 것과 결별을 택하기도 하지 않습니까? 길이 끊어진 곳에서 새로운 길이 시작되기 마련이니까요.

당시 문 대통령의 발언을 보면서 국정운영의 올바른 방향을 잡지 못한 채, 뭔가 '길을 잃고 계신 것이 아닌가'라는 느낌을 받았습니다. 문제가 없다면 시달릴 일도 없는 데다, 야당 대표 시절 보수 정권의 국무위원 후보을 평가할 때 자질 만큼이나 도덕성까지 철저히 따져 물었기에 그런 느낌이 더 들었던 것입니다.

그런데 문제는 '당선 전후 온도차가 느껴지는 발언'이 여기서 그치지 않았다는 점입니다. 조금 더 살펴볼까요?

4 대통령 말말말 2 "개혁성 강하면 청문회 어려움 겪어"

문재인 전 대통령은 지난 2019년 9월 9일, 조국 전 민정수석을 법무부 장관에 공식 임명했습니다. 인사청문회 국면에서 그의 일가를 둘러싼 각종 의혹들이 제기됐지만, 결국 '임명 강행'을 선택했던 것이죠.

문재인 정부 국무위원 임명장 수여식장에는 '부부동반 참석'이 관행이었지만, 이 날은 고위직 인사들이 '배우자 없는 가운데' 단독으로 임명장을 받았습니다. 전무후무前無後無하게요.

당시 문 대통령은 임명장 수여 직후 "조 장관의 경우 의혹 제기가 많았고, 배우자가 기소되기도 했으며 임명 찬성과 반대의 격렬한 대립이 있었다"며 "자칫 국민 분열로 이어질 수 있는 상황을 보면서 대통령으로서 깊은 고민을 하지 않을 수 없었다"고 토로했습니다.

"그러나 저는 원칙과 일관성을 지키는 것이 더 중요하다고 생각했다"며 "인사청문회까지 마쳐 '절차적 요건'을 모두 갖춘 상태에서, 본인이 책임져야 할 '명백한 위법행위'가 확인되지 않았는데도 '의혹'만으로 임명하지 않는다면 나쁜 선례가 될 것"이라는 다소 이해되지 않는 발언을 이어갔습니다.

그리고는 "검찰은 검찰이 해야 할 일을 하고, 장관은 장관이 해야 할 일을 해 나간다면 그 역시 '권력기관의 개혁과 민주주의의 발전을 분명하게 보여주는 일'이 될 것"이라는 일종의 '궤변詭辯'으로 발언을 마무리했습니다.

문장 그 자체의 내용은 물론이고 행간에 담긴 의미를 떠올려 봐도, 그리고 그 이후 벌어진 '일련의 상황'을 봐도 조 전 장관 임명 강행은 문 전 대통령에게 백해무익百害無益한 선택이었던 것으로 판단됩니다. 당사자가 전혀 아니라고 이야기하면 별 수 없지만요.

이와 같은 역경逆境을 딛고, 어렵게 임명장을 받았던 조국 장관의 임기는 '35일'에 불과했습니다. 지난 1948년 정부 수립 이후 58명의 역대 법무부 장관 가운데 6번째로 짧았고, 이른바 '87체제' 이후론 네 번째로 짧았습니다.

검찰은 임명 2주 뒤 조 장관의 자택을 압수수색했고, 그 다음 날에는 아들을 불러 조사했으며, 그로부터 열흘 뒤엔 아내인 정경심 교수를 소환 조사했습니다. 이런 상황을 문 전 대통령의 표현 그대로 '민주주의의 발전을 분명하게 보여주는 일'로 봐야 할까요?

조 전 장관이 장관직에서 물러나고 보름 뒤쯤 '친동생'이 구속됐고, 한 달 뒤쯤엔 아내마저 구속됐습니다. 그 이후 조 전 장관에 대한 소환 조사가 본격 시작됐고요. 참 '기막힌 일들'의 연속이었던 것이죠.

이에 여권에선 "검찰의 전방위적 강제 수사, 먼지털이 수사에 결국 조 장관이 손을 들 수 밖에 없었다"고 주장했지만, 야권에선 "가족들이 잇따라 소환 조사 당하는 모습이 일반적인 상황이냐"며 "애초에 법무부 장관 자리를 넘보지도 않고 가지도 않았어야 했다"고 목소리를 높였습니다.

당시에 전개된 상황을 목도하면서, 노벨문학상을 수상한 가수 밥 딜런Bob Dylan의 곡 'Like a rolling stone' 가운데 'When you got nothing, you got nothing to lose(가진 게 없으면, 잃을 것도 없다)'는 소절이 떠올랐습니다. 내 것이 아닌데 굳이 무리해서 가지려고 하다가, 큰 낭패를 보는 경우를 우리네 삶에서 수없이 봐오지 않았습니까?

조 전 장관이 임명장을 받는 자리에는 또 다른 장관 3명 및 장관급 위원장 3명이 함께 했는데요. 이들 7명 가운데 6명이 국회로부터 인사청문회 경과 보고서를 송부 받지 못했습니다.

이런 상황과 관련해 문 전 대통령은 "개혁성이 강한 인사일수록 인사청문 과정에 어려움을 겪고 있다"며 "국회의 인사청문 절차가 제도의 취지대로 운용되지 않고 있고, 국민 통합과 좋은 인재 발탁에 큰 어려움이 되고 있다는 답답함을 토로하고 싶다"고 했습니다.

조 전 장관을 비롯해 여타 장관 후보자가 청문회 전후에 어려움을 겪었던 것은 그 분들의 개혁성 때문이라기보다는, 일가 관련 위법 시비나 각종 비위 의혹 때문이었다고 봐야 타당할 것입니다.

'명백한 위법 행위가 확인되지 않았던 것들'이라고 했던 문 전 대통령의 소망 섞인 발언에도 불구하고, 훗날 법원에서 범죄 행위로 판단한 부분도 적지 않았고요.

'부족함 많지만 잘 품어 달라. 앞으로 제가 더 잘 하겠다'는 취지의 말이 그렇게 어려웠던 것일까요? 나라가 거의 반으로 갈라졌음에도, 개혁성 탓을 하고 제도 탓을 하니 말입니다.

5 결함 있는 인사 발표는 '금요일에 만나요'

'나쁜 뉴스는 금요일, 좋은 뉴스는 일요일에'. 이른바 '홍보 담당 선수들'에게는 일종의 불문율不文律과 같은 법칙인데요. 좋지 않은 여론이 형성될 '부정적 뉴스 홍보'는 가독율이 떨어지는 신문 토요일판에 싣고, '불금'으로도 불리는 금요일 밤은 방송 뉴스 주목도가 상대적으로 낮은 만큼 이 때를 잘 활용하라는 취지겠지요.

반면 '긍정적으로 소비될 뉴스'를 일요일에 발표하라는 것은, 다음 날인 '월요일자 조간 신문'에 실리게 해서 일주일 동안 좋은 기운을 받도록 하자는 의미일 것입니다.

'금요일 꼼수'가 널리 쓰이는 건 어느 나라나 마찬가지입니다. '금요일에 좋지 않은 뉴스를 털어버리는Friday news dump', '마치 쓰레기 버리는 날trash day'이라는 영어 표현도 있을 정도니까요.

이와 같은 '불문율 법칙'은 문재인 정부도 예외가 아니었습니다. 임기 2년 차에 접어들면서 '추가 인사'가 속속 진행된 지난 2018년 한 해 동안만 봐도, 전체 주요 인사 19번 가운데 9건이 금요일에 발표됐습니다. 정부 고위직에 내정됐는데 비위가 불거져 사퇴한 6명 가운데 4명이 공교롭게도 금요일에 사의를 표했고요.

안경환 법무부 장관 후보자(2017년 6월 16일)와 박기영 과학기술혁신본부장 후보자(2017년 8월 11일), 이유정 헌법재판관 후보자(2017년 9월 1일), 박성진 중소벤처기업부 장관 후보자(2017년 9월 15일) 등의 '낙마 뉴스'가 금요일에 전해졌습니다.

'주요 공약 폐기'도 금요일이었습니다. 문재인 전 대통령은 대선 후보 시절 '집무실 광화문 이전'을 발표하고, 대선 공약집 33페이지에 관련 내용을 담았는데요.

지난 2019년 1월 4일 금요일, 유홍준 광화문대통령시대위원회 자문위원과 승효상 국가건축정책위원장 등이 '대통령집무실 광화문 이전은 불가능하다'는 내용의 브리핑을 청와대 춘추관에서 했습니다.

발표를 금요일에 했기 때문에, 토요일에 휴간하는 신문사들은 발표 사흘이 지나서야 관련 내용을 지면에 실을 수 있었습니다.

앞서 문 전 대통령은 지난 2017년 9월 8일, 전날 '사드 잔여 발사대 4기 임시배치'를 완료한 데 대해 "현 상황에서 우리 정부가 취할 수 있는 최선의 조치라고 판단했다. 이 점에 대해 국민 여러분의 양해를 구한다"는 입장문을 발표했는데요.

이때도 금요일 저녁 8시 50분쯤 서면으로 발표했습니다. 오전과 오후 시간대는 건너뛰고, 사실상 주요 방송사들이 '메인 뉴스' 제작을 대부분 마무리해 관련 리포트를 제작하기 어려운 시간쯤에 입장을 내놓았던 겁니다.

이에 대해 당시 출입기자들 사이에서 '기습 발표'라며 격앙된 반응을 보였던 기억이 여전히 생생합니다. 대변인 등 이른바 홍보 라인 관계자들에게 '심정적으로 이해는 하지만, 정말 해도 너무한다'고 줄지어 항의하기도 했고요.

'임명 전후' 전 국민적 관심을 받았던 조국 전 법무부 장관을 문 전 대통령이 고심 끝에 장관 후보자로 지명했던 날도, 바로 2019년 8월 9일 금요일이었습니다.

이에 대해 청와대는 "의도한 바 없다"며 "우연의 일치"라고 해명했는데요. 독자 여러분들의 생각은 어떠신지요?

가수이자 배우인 아이유의 '금요일에 만나요'라는 곡이 있습니다. 연애 초기 연인들의 '풋풋하고 상큼한 사랑'을 아름답게 그려낸, 제가 자주 듣는 노래이기도 한데요.

'금요일을 선택한 이유'는 청와대와 한참 다르지만, 공교롭게도 '금요일에 만나자'는 결론은 같습니다. 분위기 환기 차원에서 가사만 짧게 보고 가시죠.

월요일 건 아마 바쁘지 않을까? 화요일도 정급해 보이지 안 그래?
수요일은 뭔가 어정쩡한 느낌, 목요일은 그냥 내가 만지 싫어!
우~ 이번 주 금요일, 우~ 금요일에 시간 어때요?
주말까지 기다리긴 힘들어시간아 달려라
시계를 더 보채고 싶지만, mind control

6 코로나19 여파로 압승한 총선, '면죄부'로 오해

코로나19 여파로 국민들의 '이동권'마저 일부 제한된 가운데 치러진 제21대 총선은, 역설적으로 28년 만에 66.2%라는 최고 투표율을 기록한 가운데 민주당 계열의 압승으로 막을 내렸습니다.

여당인 더불어민주당이 지역구 163석을, 민주당의 비례대표정당인 더불어시민당이 17석을 얻어 전체 의석의 60%인 180석을 차지했고요. 정의당이 6석, 열린민주당과 국민의당이 3석씩 확보했습니다. 국민의당 의원 면면을 고려하면, 반국민의힘 계열이 190석 가량 얻은 셈이죠.

국회법 제85조에 적시된 '신속처리안건 지정', 이른바 패스트 트랙(fast track) 지정안이 가결되려면 국회 재적의원 3/5이상의 찬성이 필요한데, 이 기준마저 가볍게 넘겼습니다.

여당이 마음만 먹으면, 그 어떤 법안도 전부 국회 담장 밖으로 넘겨버릴 수가 있게 된 겁니다. 명실상부 '압도적 승리'였습니다.

민주당은 제20대 국회에서는 정당별 의석 분포 등의 이유로 그나마 야당의 입장을 살펴 조심스럽게 가야 했지만, 21대 총선 압승으로 분위기가 180도 달라졌습니다. 문재인 정부 임기 후반의 국정운영 동력이 200% 확보된 만큼, 그동안 추진했던 정책들의 선명성을 더 키워나갔습니다.

사실 선거 두 달 전까지만 해도 이른바 '조국 사태'에 부동산 가격 폭등과 소득주도성장 정책으로 인한 부작용, 여기에 코로나 사망자가 급증한 상황에서 저명한 인사들을 청와대로 불러 일명 '짜파구리'를 먹으면서 호탕하게 웃는 사진까지 전해져 여당의 총선 전망은 밝지 않았는데요.

코로나19로 인한 '국난극복國難克復'이 절실했던 국민들이, 여당에 다시 한 번 힘을 실어주는 선택을 했습니다. '문재인 정부 중간평가', '정권 견제' 슬로건이 자리할 공간은 없었죠.

반면 미래통합당은 공천 과정에서 파열음이 지속적으로 발생했습니다. 선거 막판 후보들의 잇단 '실언'과 이에 대한 대응 과정에서 황교안 대표와 김종인 총괄선거대책위원장 간 소위 '투톱 사이의 이견'까지 더해져, 악재 수습이 제대로 안 된 상태에서 총선을 맞았습니다.

결국 '정권 심판'이 아니라 국난위기 속에서도 정신 못차리는 '야당 심판' 쪽으로 민심이 돌아섰던 겁니다.

그런데 여당의 압승은 문재인 정권에 '약'이 아니라 '독'이 됐습니다. 국민들이 정권의 각종 실정에 대해 '면죄부免罪符를 줬다'고 착각했기 때문입니다. 더 정확하게는 '면죄부'라기 보다, 한 발 더 나아가 '우리가 곧 민심'이라는 일종의 '집단 최면'에 빠지는 계기가 됐습니다.

당시 여권 핵심 인사들 사이에서는 "조국 장관 문제로 검찰과 야당이 시비를 걸었지만, 결국 우리가 압승하지 않았느냐"며, 소위 '검찰개혁'이라는 허상虛像과의 싸움을 이어갔습니다.

총선 다음날 청와대의 분위기는 여전히 생생합니다. 2018년 6월 지방선거에서 압승했을 당시에도 축제 분위기였지만, 총선 압승 이후의 분위기는 그야말로 '비교 불가'였습니다.

앞으로 야당 눈치 볼 일이 없어졌고, 소위 '드루킹 특검' 같은 반갑지 않은 여야 협상의 결과물을 만날 일도 없어졌기 때문이죠.

오히려 일부 참모들은 자신보다 어리거나 정치 경력이 짧은데도 국회의원이 된 '후배'들에 대해 "문 대통령 덕분에 배지를 길에서 주웠다"고 표현하기도 했습니다.

그런데요. 총선 압승이 문 전 대통령의 '인사人事' 스타일에 어떤 영향을 미쳤을까요? 좋은 쪽으로 개선이 됐으면 좋을텐데, 총선 이후 첫 선거에서 크게 패배했어도 스타일은 바꾸지 않았습니다. 조금 더 살펴보시죠.

7 2021년 보선 참패 후 첫 인사도 '논란 속 강행'

　　　　　　　　　　　　　　문재인 전 대통령은 지난 2021년 4월 16일, 해양수산부 장관 후보자에 박준영 해양수산부 차관을 지명했습니다. 이른바 '부서 내 승진' 인사였습니다.

　그런데 당시 박 차관은 기쁨도 잠시, '아내의 찻잔 및 접시 세트 밀수' 등의 의혹이 불거지면서 장관 후보 낙마에 이어 차관 자리에서도 물러나게 됐습니다.

　어쩌다 이런 일이 벌어졌을까요? 박 전 차관이 '주영국대한민국대사관'에서 공사 참사관으로 재직하던 지난 2015~2018년 당시, 그의 아내가 찻잔과 접시 세트 등의 '도자기 장식품'을 현지에서 대량 구매한 뒤 '외교관 이삿짐'으로 반입했다는 의혹이 제기됐습니다.

　주영 한국대사관 근무를 마치고 귀국한 이듬해인 2019년 12월, 박 전 차관의 아내는 경기도 지역에 카페를 열었는데 당시 도·소매업 허가를 받지 않은 채 영국에서 들여온 도자기와 장식품 등을 판매했던 것으로 파악됐습니다.

만약 사진이나 다른 물적 증거가 없었다면 논란이 덜했을 텐데, 박 전 차관의 아내가 자신의 SNS에 '외교관 이삿짐을 통해 들여온 듯한 제품' 관련 사진들은 물론이고 홍보한 글까지 공개되면서 논란이 커졌습니다.

결국 그가 선택할 수 있었던 선택지는 '자진 사퇴' 뿐이었습니다. 임명권자에게 부담을 주는 '지명 철회'가 아니라, 스스로 물러나 부담을 덜 지우는 방식을 택할 수밖에 없었던 것이죠.

박 전 차관과 함께 장관 후보자로 지명됐던 임혜숙 전 과학기술정보통신부 장관은 임명 전 채용절차 위반·세금 체납·부동산 다운 계약서·외유성 해외 출장·제자 논문 가로채기 및 논문 내조 의혹 등이 불거졌습니다.

오히려 박 전 차관은 공직생활 30년 간 모은 전 재산이 1억 8418만 원이었고 논란이 일었던 행위로 인해 취득한 이득도 경미했던 데 반해, 임 전 장관을 둘러싼 논란이 더 많았고 내용면에서도 더 좋지 않았다며 누군가 한 명을 낙마 시켜야 한다면 임 전 장관이 물러나야 한다는 여론도 상당했습니다.

업무적인 면을 놓고 봐도 박 전 차관은 지난 2014년 세월호 참사 당시 '유가족 지원 반장'으로 일하면서 매일 진도 체육관으로 출근했고, 일주일 동안 양말 하나로 버티며 현장 지원에 열과 성을 다했다는 평가를 받았기 때문입니다. 그가 차관으로 진급했을 당시

에도 첫 현장 방문 일정으로 '세월호 현장'을 찾았다며 '진정성 있는 공무원'이라는 호평을 받았고요.

반면 임 전 장관은 인사청문회 국면에서 논란을 잠재우기보다, 오히려 부추기고 더해가 비판 여론이 끊이질 않았습니다. 각종 의혹에 대해 사과하지 않으면서, 도리어 '이게 왜 문제가 되느냐'는 태도도 보였고요.

여당의 모 의원이 임 전 장관 청문회에서 '마리 퀴리'와 '피에르 퀴리' 부부의 공동 연구사례를 거론하며 부부가 공동 연구한 것이 무슨 죄냐는 취지의 반론을 제시해, 악화되는 여론에 기름을 더 붓기도 했죠.

무엇을 하지 말아야 할지를 아는 것이, 무엇을 해야 할지를 아는 것보다 중요하다고 하지요?

문 전 대통령은 민주당 대표 시절이던 지난 2015년 2월 13일 당 최고위원회의에서 "대화와 타협의 의회정치를 부적격 총리 후보자와 맞바꿔서는 안 된다"며 "만약 우리의 주장을 정치공세라고 여기면 중립적이고 공신력 있는 여론조사기관에 의뢰해 여야 공동으로 조사해볼 것을 제안한다"고 했습니다.

당시 이완구 국무총리 후보자 인준 표결을 앞두고, 소수 정당이었던 민주당 입장에서 딱히 임명을 막을 방법이 없자 위와 같은 제안을 했던 것이죠.

그랬던 문 전 대통령은 2021년 5월 14일, 당시 찬성에 비해 반대 여론이 두 배 가까이 높았던 임혜숙 과학기술정보통신부·노형

2021년 보선 참패 후 첫 인사도 '논란 속 강행'

욱 국토교통부 장관 후보자 임명을 강행했습니다.

국민의힘 유상범 의원실이 국회사무처로부터 받은 인사청문회 관련 자료에 따르면, 31번째 임명강행이었지요. 노무현-이명박-박근혜 세 정권의 '강행총합(30명)'을 넘어서는 순간이었습니다.

각종 우여곡절이 있기는 했지만, 민주당의 총선 압승으로 국정운영 '걸림돌'이 거의 없다고 봐도 무방할 시기였습니다. 그럼에도 국무위원 후보자가 낙마하고 보궐선거에서 참패하는 상황이라면, 일말의 반성이라도 있어야 했는데 그렇지 못한 모습을 보인 것이죠.

자신의 6년 전 발언을 뒤집는, "야당이 반대한다고 해서 검증 실패라고 생각하지 않는다"는 문 전 대통령의 발언도 이 국면에서 나온 말인데요. 다음 장에서 조금 더 살펴볼까요?

8 대통령 말말말 3 "野 반대, 검증 실패라 생각 안 해"

문재인 전 대통령은 지난 2021년 5월 10일, 취임 4주년 특별연설을 했습니다. 시기적으로는 '4·7 서울·부산시장 보궐선거 참패' 한 달 뒤였고, 앞장에서 언급한 임혜자 전 장관 '임명 강행'이 임박했던 시기이기도 했죠.

문 전 대통령은 장관 후보자들을 둘러싼 잇따른 자격 시비에 대해, "야당이 반대한다고 해서 검증실패라고 생각하지 않는다"고 했습니다. 4·7 보선에서 패하고 박준영 전 해양수산부 차관이 장관 후보자에서 낙마했음에도, 여전히 사과와 반성보다 야당과 국회법을 탓하는 듯한 뉘앙스였습니다.

그는 "청와대 검증이 완전할 수는 없다. 언론, 국회 인사청문회 모두 검증의 한 과정"이라면서도 "무안 주기식 청문회, 그런 제도로는 정말 좋은 인재들을 발탁할 수 없다"고 했습니다.

야당이 노형욱 국토교통부·박준영 해양수산부·임혜숙 과학기술정보통신부 등 세 명의 장관 후보자에 대해 청문회에서 부적격

판정을 내린데 대한 언급으로 풀이됐습니다.

그런데 '아무런 문제가 없는데' 무안만 줬던 것은 아니었던 것 같습니다. 특별연설 이틀 뒤, 민주당 초선 의원 80여 명이 '야당이 부적격이라고 규정한 일부는 물러나야 할 것 같다'는 뜻을 청와대에 전달했기 때문이죠. 결국 그 다음 날 박준영 후보자는 자진 사퇴했고요.

박 후보자는 "높은 도덕성을 기대하는 국민의 눈높이에 맞지 않았다는 점은 부인하기 어렵다. 모두 제 불찰이다. 다시 한 번 사과드린다"는 '마지막 입장문'을 냈습니다.

이에 민주당의 한 최고위원은 "예수님이나 부처님도 기독교, 불교 장관이 있다면 아마 낙마하실 것 같다"고 했는데요. 정말 이타적인 삶, 타의 모범이 되는 삶만 살아오신 분들 가운데 청문회에서 낙마한 분이 계신지 꼽아보라고 되묻고 싶었습니다.

문 전 대통령은 특별연설 당시 임혜숙 후보자에 대해 "과학계에서 찾기 힘든 여성 고위 인사"라며 청문보고서 채택을 요청하기도 했는데요. '여성 장관 비율 30%'라는 자신의 공약 달성을 위해 사퇴 압박을 가장 크게 받은 임 후보가 아닌, 다른 후보(박준영 후보)를 '희생'시킨 것 아니냐는 이야기도 나왔습니다.

이런 상황을 두고 당시 국민의힘 이준석 최고위원은 "논란이 많은 후보자를 단지 여성이라는 이유만으로 임명을 강행하면, 오히려 여성 할당제에 대해 부정적 여론을 키우는 역효과만 가져올 것"이라고 지적했습니다.

실제로 한국여성단체협의회 조차 이 같은 임명 강행에 대해 '성평등을 오히려 후퇴시키는 조치'라고 비판하기도 했고요.

미국 오바마 전 대통령은 2010년 3월, 지난 100년 동안 역대 대통령들이 모두 실패했던 '건강보험 개혁법 제정'에 성공했는데요. 미 전역에서 '타운 홀 미팅'을 열고 시민들을 격의 없이 만나 진솔하게 설명했고, 야당 의원들과도 100차례 가까이 만나 설득에 설득을 거듭한 결과였습니다.

당시 법안 내용에는 동의하지 않았지만 '오바마의 설득 태도'에 매료돼 찬성으로 돌아선 의원들도 적지 않았다고 합니다. 그만큼 '설득 태도'가 중요한 것이죠.

오바마 8년 임기가 끝나갈 때쯤 치러진 대선에선 '오바마 케어'의 실효성을 두고 격론이 벌어졌고, 오바마 케어만 아니면 된다 (Anything but Obamacare) 즉 'ABO 구호'가 결국 대통령에 당선된 트럼프 후보의 유세장에 울려 퍼졌다는 점은 잠시 차치하고라도 말입니다.

9 참여연대도 경질 요구한 文 정부 靑 인사수석

청와대 인사수석비서관실은 인사 수요가 발생하면, 대개의 경우는 기존에 확보해 놓은 인력풀이나 '존안자료' 등을 참고해 잠재 후보군을 추린 뒤 민정수석실 산하 공직기강비서관실에 검증을 요청합니다.

요청을 받은 공직기강비서관실은 잠재 후보의 동의를 받아 검증 작업을 하고, 그 결과를 다시 인사수석실에 통보하고요.

그러면 통보된 자료를 바탕으로 비서실장이 인사추천위원회를 가동해 적임자를 선발한 뒤, 대통령에게 최종 보고하는 절차를 거치게 됩니다. 이후 대통령이 재가裁可하면 대변인이 인선 내용을 발표하고, 인사청문회를 거쳐 공식 임명되는 것이죠.

문재인 정부는 사실상 노무현 정부와 궤를 같이하는 만큼, 장단점이 쌍둥이처럼 닮아 있는데요. 고(故) 정두언 전 의원은 노무현 정부의 인사 특징에 대해 다음과 같이 서술했습니다.

> 노무현 정부는 우리나라에서 최초로 등장한 진정한 좌파정부입니다.
> 그들은 '사회 주류 세력 교체'에 대한 강한 의지를 가졌다는 특징이 있죠.
> 그 의지의 발로로 탄생한 자리가 인사수석비서관입니다.
> 모처럼 잡은 좌파 정권이 '사회 전반에 걸친 주류 세력 교체'를 이루려면
> 청와대가 정부 인사를 장악해야만 한다는 것이죠.

문재인 정부도 이와 비슷한 느낌이 전해졌습니다. '민주당의 입김' 조차 배제하려고 했으니, 오히려 노무현 정부 보다 그런 기류가 더 강했다는 평가를 받기도 했고요.

정권 초반, 당시 추미애 대표는 '장관 후보를 추천하는 당내 기구'인 인사추천위원회 설치를 추진했습니다. 문 전 대통령이 강조했던 '정당 책임정치의 일환'이란 명분을 내세웠지만, 청와대의 반대로 최종 무산됐죠.

청와대가 발표한 장관 후보자에 대해 민주당이 우려를 표명했음에도, 임명 강행된 사례도 수차례 있었고요.

당시 민주당의 A의원은 이런 상황과 관련해 "청와대와 미팅을 하고 와도 도대체 무엇을 토討하고 론論한 것인지 도무지 알 수 없었고, 불평해봐야 나만 애꿎을 뿐"이라고 토로하기도 했습니다.

'현장을 충분히 목격했고, 온몸으로 겪어도 봤다(I have been there, I have done that)'고 이야기 해봐야 소용이 없었다는 것이죠.

지난 2019년 5월 28일, 김외숙 법제처장이 청와대 인사수석비

서관으로 자리를 옮겼습니다. 이후 문 전 대통령의 임기 말까지 3년 간 그 자리를 계속 지켰는데요. 임기 중 이른바 '검증 실패' 사례가 계속 쌓이자, 김 수석에 대한 '경질 요구'도 점차 커져갔습니다.

소위 문재인 정권의 '우군友軍'이었던 참여연대 조차도 "청와대의 명백하고도 반복적인 인사 검증 실패에 대해 김 수석을 경질하는 등 관련 참모진에게 책임을 물어야 한다"며 "실패를 되풀이하지 않기 위해 인사검증시스템 자체를 점검해야 한다"고 지적했으니 말이죠.

이런 분위기 등을 감안한 듯, 김 전 수석은 지난 2020년 8월 노영민 전 비서실장을 비롯해 동료 수석 네 명과 함께 동반 사의를 표명했습니다. 하지만 그의 사표는 최종 반려됐죠.

역대 정부에선 "국민 눈높이에 맞지 않는 인사로 심려를 끼쳐 송구하다"는 취지의 논평을 끝으로, '낙마'에 대한 책임을 지고 인사수석이 물러나기도 했는데 文 정부 분위기는 조금 달랐던 것입니다.

국회 인사청문회에서 박근혜 정부 장관급 후보자들의 낙마율은 15.8%였습니다. 전체 57명 가운데 9명이었죠. 노무현 정부의 3.6%나 이명박 정부의 8.9%에 비해서는 높았지만, '여소야대' 국회에 기인한 측면이 있다고 봐야 보다 타당할 것입니다.

사실 일정 수준에 달하면 '그런 인사'를 멈추고 '통합형 인사'로 방향을 트는데, 그런 선회旋回의 모습을 임기 마지막까지 보이지 않았던 점도 아마 제20대 대선 결과에 영향을 미쳤을 거라고 생각됩니다.

　인사검증 파트의 최고위직에 계셨던 분이 전해주셨던 말이 기억에 납니다. "A씨는 정권을 위해 일 할 사람이고, B씨는 국가를 위해 일할 사람이지만, C씨는 국민을 위해 일 할 사람이다. 실무진 검증보고서까지는 C씨가 최고 점수를 받지만, 결국 임명되는 것은 A씨다."

　야무지게 검증하지 못한 부분도 문제지만, 윗선의 '잘못된 정무적 판단'이 '검증 실패'로 포장돼서도 안 되겠지요.

10 文 발탁에도 野 대선 후보 등록한 윤석열, 최재형

　　　　　　　　　　　5년 단임제 국가에서는 현직 대통령에 대해 '정치적 책임'을 추궁하는, 그야말로 직접적인 '회고적 투표retrospective voting'가 사실상 불가능합니다. 제도적으로 현직 대통령의 연임 도전이 제한되기 때문이죠.

　비록 총선과 지방선거를 통해 간접적으로 국정운영을 심판하긴 하지만, 아무래도 '책임정치 구현'에 제한되는 측면은 있습니다. 5년 내내 과오를 저질렀지만 여당 대선 후보로 신선하고 매력적인 '차기 주자'가 나온다면, 현직 대통령의 과오는 이내 잊혀져 버립니다.

　그런데 제20대 대선에서는 굉장히 이색적인 상황이 연출됐습니다. 현직인 문재인 대통령의 임명으로 핵심 요직인 검찰총장과 감사원장 자리에 올랐던 인사들이, 임명권자인 현직 대통령을 심판하겠다며 야당 예비후보로 잇따라 이름을 올렸던 것입니다.

　그나마 부총리 겸 기획재정부 장관이었던 김동연 예비후보가 결국 여권의 테두리에 남았기에 망정이지, 만약 그 마저 '정권 심판'을 주장하며 야당 후보로 나섰다면 선거 결과는 뚜껑을 열어보기도 전에 결정이 났을 것입니다.

이런 분위기가 짙게 형성됐기 때문인지 대선을 11개월 앞둔 지난 2021년 6월 10일, 민주당 송영길 대표는 '배신'이라는 강한 표현을 써가며 이들의 행보를 비판했습니다.

송 대표는 "윤 전 총장은 파격적으로 승진해 서울중앙지검장·검찰총장으로 문재인 대통령에게 발탁돼 은혜를 입었다"고 전제한 뒤, "그런데 이를 배신하고 야당 대선 후보가 된다는 것은 도의상 맞지 않는 일"이라고 주장했습니다.

그는 최 전 원장에 대해서도 "1980년 광주 시민을 학살하고 등장한 전두환 정부(1981년)에서 사시에 합격해 판사가 된 분"이라며 "그때부터 지금까지 수많은 군사독재에 저항하던 민주화 인사에 대해, 판사로서 단 한 번의 양심적 판결이나 발언을 했는지 찾아볼 수 없다"고 비판했습니다.

검찰총장, 감사원장 임명 당시에 내렸던 평가와 180도 달라진 모습을 보인 건데요. 송 대표의 이 같은 주장이 설득력을 가지려면, 당시 청와대가 '사전 인사 검증'에 총체적으로 실패했다고 자인하고 반성하는 것이 선행돼야 했겠지요.

왜냐하면 청와대는 최 전 원장을 감사원장 후보자로 지명하면서 "지난 1986년 판사 임용 후 민·형사, 헌법 등 다양한 영역에서 소신에 따라 사회적 약자와 소수자의 권익 보호, 국민의 기본권 보

文 발탁에도 野 대선 후보 등록한 윤석열, 최재형

장을 위해 노력해온 법조인"이라며 "감사원의 독립성과 정치적 중립성을 수호하면서 헌법상 부여된 회계검사와 직무감찰을 엄정히 수행해 감사 운영의 독립성·투명성·공정성을 강화해 나갈 적임자로 기대한다"고 밝힌 바 있기 때문입니다.

당시 청와대는 '윤 전 총장'에 대해서도 "검사로 재직하는 동안 부정부패를 척결했고 '권력 외압'에 흔들리지 않는 강직함을 보였다. 특히 서울중앙지검장으로 탁월한 지도력과 개혁 의지로 국정농단과 적폐청산 수사를 성공으로 이끌어 검찰 내부뿐 아니라 국민의 신망을 받았다"며 "아직 우리 사회에 남은 각종 비리와 부정부패의 뿌리를 뽑고 시대의 사명인 검찰개혁과 조직쇄신 과제도 훌륭하게 완수할 것으로 기대한다"고 밝히기도 했고요.

위와 같은 평가와 함께 임명을 최종 결정했던 청와대는, 이들이 사의를 표명했을 때 다음과 같은 반응을 내놨습니다.

지난 2021년 3월 4일 '윤석열 총장'이 "검찰에서 할 일은 여기까지"라며 사의를 밝혔을 때, 1시간 만에 "윤석열 검찰총장의 사의를 수용했다"는 짤막한 '15자 짜리 입장문'을 냈습니다.

그런데 3개월 뒤 최 원장이 사의를 표했을 땐, 9시간 만에 의원면직依願免職 안을 재가한 문 대통령이, "감사원장의 임기보장은 정치적 중립성을 지키기 위한 것으로, 최 전 원장은 바람직하지 않은 선례를 만들어 아쉬움과 유감"을 표했다고 청와대 대변인이 전했습니다.

석 달 전에는 말을 아꼈는데, 이 때는 '바람직하지 않은 선례',

'아쉬움과 유감' 등의 표현을 써가며 강한 불쾌감을 드러낸 것이죠.

최 원장이 사의를 표한 다음 날, 윤 전 총장은 대선 출마를 선언했는데요. 시작부터 문재인 정부를 정조준하며 강하게 비판했습니다.

그는 "경제상식을 무시한 소득주도성장, 시장과 싸우는 주택정책, 법을 무시하고 세계 일류 기술을 사장시킨 탈원전, 매표에 가까운 포퓰리즘 정책으로 수많은 청년·자영업자·중소기업인·저임금근로자들이 고통받았다. 변변한 일자리도 찾지 못한 청년세대들이 엄청난 미래 부채를 떠안았다"며 "국민을 내편, 네편으로 갈라 상식과 공정, 법치를 내팽개쳐 나라의 근간을 무너뜨리고 국민을 좌절과 분노에 빠지게 했다"고 지적했습니다.

그러면서 "부패하고 무능한 세력의 집권 연장과 국민 약탈을 막아야 한다. 반드시 정권교체를 이뤄내야 한다"고 강조했죠.

최 전 원장도 사퇴 후 국민의힘에 입당하면서 "온 국민이 고통받고 있는 현실에서 가장 중요한 명제인 '정권교체'를 이루는 중심은 역시 제1야당인 국민의힘이 돼야한다"며 "미래가 보이지 않는 청년들이 이제는 '희망希望'을 품고 살 수 있는 나라를 만드는 게 무엇보다 중요하다"고 했습니다.

정권의 심장부에서 문재인 정부의 고위 인사들과 직접 대면했던 경험에서 묻어난 발언들이기 때문에, 말의 무게감은 다른 야당 인사들의 그것보다 묵직할 수밖에 없었습니다. 여당 입장에서는 더욱 뼈아플 수밖에 없는 것이고요.

문재인 전 대통령이 퇴임을 하루 앞뒀던 지난 2022년 5월 9일, 이준석 당시 국민의힘 대표는 MBC 라디오 방송에 출연해 '문재인 정부의 잘한 일'을 묻는 질문에 대해 "윤석열 검찰총장, 최재형 감사원장을 임명한 것"이라며 "문재인 정부 최고의 선택"이라고 답했습니다. 그러면서 "조소하는 게 아니라 역사적으로 (평가한 것)"이라고 덧붙였습니다.

당시 정권을 내준 것도 뼈아프지만, 야당으로 전락한 민주당에서는 '조소 아니라는 사실상의 조소'를 듣고도 별달리 할 말이 없었던 상황이 더욱 뼈아프지 않았을까요?

2장

인사가 꼬이니 국정이 꼬이네

2-1 불현듯 검찰개혁을 외치다

2-2 졸지에 전쟁 대상된 부동산

2-3 소득주도성장과 탈원전

2-4 내편 챙기며 장기집권 꿈꾸다

2-1
불현듯 개혁을 외치다

1   임기 초반 전방위적 '적폐 청산' 드라이브
2   '朴 탄핵' 동조 세력까지 적폐로 몰다
3   靑 1기 특별감찰반 강제 해체, 왜?
4   법무차관의 택시기사 폭행에 흔들린 '큰 그림'
5   급기야 "검찰총장, 대통령 국정 철학 상관성 크다"
6   'MZ 이탈' 가속화 시킨 靑 수석 아들의 한 마디

1 임기 초반 전방위적 '적폐 청산' 드라이브

민주당 문재인 대선 후보의 '1번 공약'은 "이명박·박근혜 9년 집권 적폐積弊 청산淸算"이었습니다. 이를 위해 국정농단과 적폐조사 및 재발방지 대책 마련 등을 총괄할 이른바 '적폐청산특별조사위원회' 설치도 예고했고요.

적폐청산위를 통해 전 정부 적폐를 분석하고, 특검에서 제기된 의혹 진상규명 및 보충수사를 실시하겠다고 했습니다. 또 부정축재 재산 국가귀속 추진 등 종합 대책 마련도 약속했고요.

그런데 정권을 잡은 뒤에는 '위원회' 수준이 아니라, 19개 각 정부 부처마다 적폐청산 TF를 구성했습니다.

정권 출범 5개월 뒤쯤인 지난 2017년 10월 12일, 임종석 청와대 비서실장은 "박근혜 정부의 청와대에서 '세월호 참사 당일 보고 시점을 조작한 정황'이 담긴 문건을, 보름 전쯤 청와대 국가위기관리센터 내 캐비닛에서 발견했다"며 박 전 대통령의 이른바 '7시간 행적 관련 추가 의혹'을 제기했습니다.

임 전 실장은 "참사 발생 6개월 뒤인 2014년 10월 23일 첫 보고 시점을 오전 10시로 수정했다"며 "최초보고 시점과 대통령의 첫 지시 사이의 시간 간격을 줄이려는 의도였다"고 주장했습니다.

그가 공개한 문건에 따르면, 당초 세월호 참사 당일 '첫 보고'와 그에 따른 박 전 대통령의 '첫 지시' 간극은 당초 '15분'에서 '45분'으로 더 벌어지게 됩니다.

그런데 발표 타이밍도 참 기가 막혔던 것이, 임 전 실장의 문건 공개 시점은 박 전 대통령의 '구속 만기' 나흘 전이었습니다. 결국 이 문건이 공개되고, 법원은 바로 다음 날 박 전 대통령 구속기간을 최장 6개월 연장시켰습니다.

이 뿐만 아니라 김관진 전 청와대 국가안보실장에게는, 이 문건 내용을 고리로 아예 직접적인 책임론을 제기할 수 있게 됐습니다. 당시 청와대가 문건 조작 주체를 사실상 '국가안보실 위기관리센터'로 간주하면서요.

임 전 실장은 "김 실장의 지시로 안보 분야는 국가안보실이, 재난 분야는 안전행정부가 관장한다고 불법적으로 변경됐다"고 발표했습니다.

세월호 참사 당시 국가안보실장은 김장수 전 실장이었지만, '조작이 이뤄진 시점은 김관진 전 실장 재임 시기였다'는 내용이 담긴 그 문건에 따라 '처벌 근거'가 마련됐던 것이죠.

김기춘 전 비서실장에 대한 '책임 추궁 근거'도 마련됐습니다. 그는 세월호 참사 이후 국회에 출석해 "청와대 국가안보실은 재난

컨트롤 타워가 아니다"라고 증언했기 때문이죠.

박 전 대통령에 김기춘 전 실장, 그리고 김관진 전 실장까지 옥죌 수 있는 문건을 꺼내든 임 전 실장은 "이 정도로 사사로이 국정농단을 할 수 있을까 싶을 정도"라며 "가장 참담한 국정농단의 표본 사례로, 반드시 관련 진실을 밝히고 바로 잡아야 한다"고 덧붙이기도 했죠.

문 전 대통령도 '세월호 조작 문건' 보고를 받고, "바로잡을 필요가 있다"는 뜻을 밝혔다고 함께 전하면서요.

각종 인사청문회에서 국정 동력을 일부 상실하면, 이처럼 '전 정부 적폐'라며 관련 의혹을 하나 둘씩 제기해 지지율을 다시 끌어올리는 상황이 반복됐습니다.

기적 같은 타이밍에, 기적 같은 내용이 담긴 문건들이 기적처럼 반복적으로 나타났던 것이죠. 그런 과정을 거치면서 정권 지지율이 90%에 달하는 상황이 만들어졌고요.

'공통의 증오'는 때로는 이질적인 세력을 하나로 묶어주는 위력을 발휘하고는 합니다. 중국에서 마오쩌둥과 장제스가 손을 맞잡은 '국공합작國共合作'은 일본 제국주의의 침략에 대한 공통의 증오가 있었기 때문에 가능했던 것처럼요.

제2차 대전 당시 미국과 소련이 '연합군'이 돼 소매를 나란히 했던 것도, '나치'에 대한 공통의 증오가 촉매역할을 했습니다.

전쟁 막바지에 독일의 히틀러Adolf Hitler가 "소련과 미국이 자기들끼리 싸우다 망할 때, 우리들의 최후의 부대가 결정적인 역할을 할 것"이라고 공언했지만 결국 허언虛言이 됐죠.

독일 패망敗亡 이후 '공공의 적'이 사라지면서, 미국과 소련은 오랜기간 '냉전 상태'를 이어갔습니다.

그런데요. 특정 인물이나 정책에 대한 반대를, 공당의 정책이나 이념으로 장기간 끌고 가기에는 무리가 있습니다. '반짝 효과'가 나타날 수는 있지만, 정권 재창출을 담보할 수는 없기 때문이죠.

DJ 임기 5년 내내 '반DJ 전선'을 구축했던 이회창 전 한나라당 총재가, 끝내 권좌에 오르지 못했던 것도 이와 무관치 않습니다.

문재인 정부도 임기 초 '전방위적 적폐 청산'으로 재미를 보자, 결국 5년 임기 내내 '적폐와의 전쟁'을 치렀는데요. 그 과정에서 차츰 '정권 재창출의 동력'을 상실해갔죠. 다음 장에서 조금 더 살펴볼까요?

2 '朴 탄핵' 동조 세력까지 적폐로 몰다

민주당 적폐청산위원회는 지난 2017년 9월 28일, 이명박 정부 시절 작성된 것이라고 주장하며 다섯 개의 문건을 공개했습니다.

MB정부가 '공영방송 선거에 개입'하거나 '야권 인사를 사찰'하고 '민간인 해킹을 일삼은 정황'이라면서요.

시기적으로는 청와대 국가위기센터 내 캐비닛에서 문건이 발견된 바로 다음날이자, '정권 교체 이후 첫 추석 명절'이 코앞으로 다가온 때였습니다.

적폐청산위는 이명박 정부 관계자가 개인적으로 작성한 것으로 추정되는 '스프링 노트 1권'을 근거로 "이 전 대통령도 문화계 블랙리스트를 보고받았다"고 주장하며 "이 전 대통령은 자신과 무관하다고 변명했지만, 2009년부터 보고를 받고 있었다는 것을 증명하는 중요 자료가 나왔다. 검찰의 강력한 수사가 있어야 한다"고 촉구했습니다.

또 소위 '기무사 문건'이라는 것을 언급하면서, "이명박 정부의 기무사는 해킹부터 재향군인회장 선거 개입 등과 연관돼 있는 것으로 확인되는 만큼 이에 대한 철저한 수사 역시 필요하다"고도 했고요.

이 같은 민주당의 주장을 이어받아 당시 박원순 서울시장은 "과거가 아니라 미래 위한 일"이라며, 이 전 대통령을 '국정원법 위반'과 '명예훼손 등의 혐의'로 서울중앙지검에 고발했습니다.

박 시장은 "이 전 대통령은 국가의 근간을 흔들고 민주주의의 본질을 훼손했다"며 "검찰에 엄중한 수사를 촉구한다. 이 전 대통령을 수사해 책임을 물어야 된다"고 주장했습니다.

한 쪽에서 '적폐 정황 증거'라고 주장하면서 문건을 흔들면, 그 맞은편에서 검찰에 고발한 뒤 수사를 촉구하는 '물 흐르는 듯한 유기적 연결'이 곳곳에서 이어졌습니다.

이런 상황에 대해, 박근혜 전 대통령 탄핵에 동조했던 바른정당의 대변인은 "적폐청산이라는 명분 하에 진짜 적폐를 행하는 것"이라며 "결국 전 정권만이 아닌 전전 정권으로, 또 전전전 정권과 전전전전 정권까지 다 파보자는 '적폐 청산 아귀다툼'으로 치닫고 있다"고 지적했습니다.

이어 "어떻게 딱 이런 (MB를 겨냥할 여지가 일부 담긴) 내용이 담긴 자료를, 명절을 앞둔 이 시기에 찾아낼 수 있었는지 궁금할 따름"이라며 "지금 휘두른 칼이 제 발등을 찍을 때까지, 그 칼에 자신이 죽는 줄 모르는 법"이라고 덧붙이기도 했죠.

'박 전 대통령 탄핵' 당시 국회 의석분포를 떠올려보면, 결코 민주당 자력만으로 할 수 없었습니다. 의석이 턱없이 부족했기 때문이죠. 여권 성향 의원 62명의 동의와 지지가 없었다면, 헌정 사상 최초로 현직 대통령 탄핵이라는 '엄청난 정치행위'를 감행해낼 수는 없었을 것입니다.

그런데 정권 교체 이후 이른바 제3지대에 있던 바른정당이 문재인 정부를 비판하자, '바른정당도 사실은 한통속'이라며 적폐 몰이의 범위를 점차 넓혀갔습니다. 탄핵에 동조했던 62명 모두 졸지에 청산해야 할 대상으로 전락했습니다.

이명박, 박근혜 정권 적폐몰이 수단으로 활용됐던 검찰은 그 보다 1년 뒤쯤 文 정권으로부터 '토사구팽兎死狗烹' 당했고요.

돌이켜 보면 이런 상황들을 보다 못한 국민들이, 기세가 하늘을 찌르던 文 정권을 심판하기에 이른 것 같습니다.

민주당은 정권을 내준 뒤 '검찰 수사'가 자신들을 옥죄고 있는 것과 관련, "검찰 공화국의 무자비한 야당 탄압, 치졸한 정치 보복"이라고 주장하고 있는데요.

시계를 5~6년 전으로 돌려보면 자신들은 그러한 '가해 행위'를 더욱 광범위하고 집요하게 행했다는 점을 부인할 수 없을 것입니다.

이 장章 모두에 언급한 내용은 문재인 정부 초기에 진행했던 이른바 '적폐몰이'의 일부분인데요. 이 안에 담긴 문장만 봐도 말끝마다 "검찰 수사가 필요하다"라고 하지 않았습니까?

저는 치매癡呆라는 표현에 대해 마뜩치 않다는 생각을 갖고 있습니다. 문자 그대로 뜯어보면, '어리석을·미치광이 치(癡)'에 '어리석을·미련한 매(呆)'라는 조합도 불편하고요.

본인들의 의지와 무관하게, 부정적 인식을 강하게 심어주기 때문입니다. 심지어 자신들이 그런 '병病'에 걸렸다는 사실 조차 모르고 있는 분들도 계신데 말입니다.

그런데 민주당이 문재인 정부 초기 자신들의 언행들을 잊은 채 '검찰 공화국' 혹은 '야당 탄압'이라고 주장하는 것을 보면서, '선택적 치매'라는 글자가 아니 떠올려질 수 없었습니다. 5년 전 상황들을 다 알고 있으면서도, 그런 주장을 하고 있으니 말입니다.

3 靑 1기 특별감찰반 강제 해체, 왜?

"문재인 정부 청와대가 KT&G 사장 인사에 개입하고 적자국채 발행도 강요하는 등 권한을 남용했다"며 내부 고발한, 기획재정부 신재민 전 사무관의 이름이 알려지게 된 첫 발단은 지난 2018년 5월 16일 MBC 보도였습니다.

그날 MBC는 '정부, KT&G 사장 인사개입…문건입수', '문건대로 시행…사장 교체는 실패'라는 제목의 단독 기사를 연이어 보도했습니다.

'민간기업 인사에 관여하지 않겠다'던 정부에서, 민영화된 지 16년 된 KT&G 사장 선임에 개입한 정황이 담긴 개입 문건을 확보해 기사화했던 건데요. 문건 내용 그대로 움직였지만, 결과적으로 뜻한 바는 이루지를 못했다는 내용이었습니다.

당시 'KT&G 후임 사장 선임' 관련 대응 방안이 적시된 문건을 작성한 주체는 기획재정부였는데요. 그들은 문건을 통해 '정부의 소유 지분이 없는 만큼 직접 개입은 불가능하나, 2대 주주인 기업은행 지분을 통한 우회적 방법이 있음'을 소개했습니다.

또 비공개인 사장추천위원회 명단과 절차를 공개하도록 요구하고, 우호세력 확보를 위해 외국인 주주들을 설득해야 한다는 세부 전략까지도 마련했습니다.

특히 '백복인 사장의 연임 반대' 명분으로, 금감원 조사가 진행 중이던 인도네시아 투자 관련 경영비리 의혹은 '적극 활용해야 한다는 듯' 자세히 언급했고요.

당시 기재부는 이 문건에 대해 "실무자가 참고용으로 만들었다"고 해명했는데요. '단순 참고용 문건'이었다면, 기재부 감사실이나 국무총리실 공직복무관리관실 등에서 관련 내용을 파악했을 것입니다. 청와대가 직접 나서 '감찰監察'할 이유가 없는 것이죠.

그런데 당시 보도가 나가고 일주일 뒤, 청와대 특감반원 상당수가 세종시로 급파됐습니다. 당시 데스크는 "이번 사안은 민정비서관실에서 의뢰한 긴급 사안"이라며 전원 출동을 지시했던 것으로 파악됐습니다.

일부는 KTX를 타고, 나머지는 별도의 차량으로 이동해 현장에서 만났을 정도로 파견 인원이 많았는데요. 현장으로 이동하는 도중 반원들 사이에서 '왜 민정비서관실이 별 거 아닌 것으로 보이는 사안까지 관여하면서 전원 출동을 지시하느냐'는 볼멘소리도 나왔다고 합니다.

당시 특감반의 '출동 목표'는 명확했습니다. 'KT&G 후임 사장 선임' 관련 문건 유출자를 색출해내는 것이었죠. 특감반은 도착 직후 기재부 서버를 조사해, 내부 인트라넷으로 소통했던 대화 내용과 이들이 이메일을 통해 외부와 주고받은 메시지 내용 파악 등에 주력했습니다.

하지만 특감반은 유출자 색출엔 실패했습니다. 기재부 관계자가 해당 문건 출력을 위해 '공용PC'에 파일을 옮겨놓은 뒤 다시 삭제하는 것을 깜박하고 잊었는데, 신 전 사무관이 마침 그 PC를 사용하다 문건을 발견한 뒤 언론에 제보했기 때문에 파악할 도리가 없었던 것이죠.

특감반은 유출자 색출에는 실패했지만, '문건 작성자'와 '이 문건을 누구한테 보고했는지'는 알아냈습니다. 상부 지시를 이행하지는 못했지만, 문건 작성 등을 둘러싼 '실체적 진실'을 파악했던 겁니다.

특감반은 기재부 서버에 담긴 내용을 바탕으로 해당 직원들을 감찰한 결과, 문건이 A사무관과 B과장을 거쳐 당시 기재부 김용진 차관에게 전달한 정황을 잡아냈습니다. 이후 관련 내용을 청와대 민정비서관실에 보고한 정황과 구두 증언도 확보했고요.

당시 감찰에 참여한 한 특감반원은 "기재부가 생산한 문건이 청와대로 보고됐던 큰 흐름을 파악하고 나서야 '왜 기재부 감사관실이나 총리실 산하 공직복무관리관실이 아닌 청와대 특감반이 감찰을 해야했는지', '왜 민정비서관실에서 이 사안을 우리에게 의뢰했는지' 알게됐다"고 회고했습니다.

취재를 이어가면서 눈여겨 볼만한 '인사人事'도 파악이 됐습니다. 문건 작성에 관여했던 B과장은 KT&G 문건 전달 보름 뒤 기재부의 꽃이라고 할 수 있는 '예산실'로 이동했는데요.

참 의아했던 게, 당시 기재부가 배포했던 인사 자료에는 "이번 인사는 장관 주도가 아니라 1, 2차관이 주도"라고 적시돼 있었습니다. 굳이 왜 그런 내용까지 전해야 했는지, 어떤 말 못할 이유가 있었는지 여부는 지금도 여전히 궁금한 사안입니다.

그 밖에 KT&G의 2대 주주인 기업은행 대표로 문건 작성 과정에 일부 관여한 것으로 특감반이 파악한 '기재부 대관 담당' C부장은 1년 뒤 정기 인사에서 부행장으로 승진했습니다. 특감반 감찰 직후의 '승진 인사'에선 배제됐지만, 그 다음 인사에서 좋은 소식을 전해 들었던 겁니다.

당시 특감반은 기재부가 작성했던 문건이 'K 행장에게 보고됐다'는 내용을 파악하고, K 행장과 추가 접촉한 뒤 "보고 받았다"는 증언까지 확보했습니다. 정말로 유출자 색출을 지시한 측에서 봤을 때, 하라는 일은 제대로 못하고 하지 말아야 할 일들만 빠른 속도로 진행해나갔던 셈입니다.

훗날 검찰의 '유재수 전 부산시 부시장 감찰 무마 의혹' 수사 과정에서, 청와대 특감반원들도 소환 조사를 받았는데요. 그 자리에서 '유재수 감찰이 특감반 해체에 영향을 미쳤던 것으로 보이느냐'는 내용의 공통 질문에, 조사 받은 전원이 "영향을 미쳤을 것"이라고 답했다고 합니다.

그런데 특감반 관련 취재를 죽 이어온 입장에서 볼 때, 이번

'KT&G 후임 사장 선임 문건' 유출 사건 처리 과정 역시도 '1기 특감반 완전 해제 결정'에 영향을 미쳤을 것이라는 생각이 듭니다.

'청와대 윗선' 입장에서 꼭 파악해야 할 내용은 알아오지 못한 채, 숨겨야 할 내용은 굳이 상당부분 파악해왔으니 얼마나 약이 올랐겠습니까?

4 법무차관의 택시기사 폭행에 흔들린 '큰 그림'

> 2018년 1월 청와대 브리핑 전후로 법무부 차원의 개혁은
> 박상기 법무부장관 주도로 차근차근 진행되고 있었다.
> 법무부의 탈검찰화. 검사 인사제도의 개혁. 검찰 과거사 청산 등
> 대통령령과 법무부령 개정으로 가능한 검찰개혁이 그것이다.
> 당시 박 장관을 보좌했던 김오수 법무차관. 이용구 법무실장. 윤대진 검찰국장.
> 차규근 출입국본부장 등은 이러한 과제 수행에 힘을 모았다.
> 특히 김오수 이용구 윤대진 세 사람은 대학 83학번 동기들로.
> 내가 대학 1년 선배였지만 직급을 따지지 않고 스스럼없이 소통했다.
>
> ―조국의 시간, 137p―

청와대는 지난 2020년 12월 2일 법무부 차관에 '월성원전 사건'의 핵심 피의자로 검찰 수사를 받아온 백운규 전 산업통상자원부 장관의 변호인辯護人이었던 이용구

전 법무부 법무실장을 임명한다고 발표했는데요.

판사判事 출신인 이용구 변호사가 차관에 임명됐다는 이야기를 들었을 당시 '두 가지 측면'에서 의아했습니다. 하나는 왜 갑자기 법무부 차관을 교체해야 했는지, 다른 하나는 '이용구 공수처장'이 아니라 왜 '이용구 법무차관'이었는지 입니다.

첫 번째 의문은 이른바 '윤석열 검찰총장 징계위원회' 개최를 하루 앞두고 사의를 표명한, 고기영 당시 법무차관의 마음을 끝내 돌리지 못했다는 이야기를 전해 듣고 바로 해소됐습니다.

하지만 두 번째 의문은 이 전 차관의 이른바 '택시기사 폭행사건'이 터지기 전까지는 계속 남아 있었습니다. 폭행 사건의 전말이 공개된 이후에, 어림짐작으로 왜 무산됐는지 추정할 수 있게 됐고요.

이 전 차관 취임을 전후해, 제가 그에 대해 전해 들었던 내용의 핵심은 '검찰도 두려워하는 실력자'였습니다. 이른바 '내공이 뒷받침된 말발'로 문재인 대통령의 마음을 사로잡은 '달변가'라는 평가가 검찰 내부에서 나왔을 정도니까요.

전해들은 이야기를 종합하면, 그가 두 차례 정도 '판사 대 검사' 입장에서 검찰 측과 논쟁을 벌일 기회가 있었는데 그 때마다 논리 정연한 말로 검찰 측을 '찍어 눌러' 2연승을 거뒀다는 내용이었습니다.

이 전 차관 임명 당시는 추미애 전 장관이 그야말로 '검찰과의 전쟁'을 벌였을 때였는데요. 검찰 측에서 이 같은 이야기를 전하면서 '실질적으로 추 장관 보다 더 두려운 사람'이라고 평가했더랬죠. 앞으로 피곤할 일 많아질 것이라는 취지로 들리기도 했고요.

그런데 이 전 차관이 법무부 차관에 임명되기 한 달 전쯤인 11월 6일, 택시기사를 폭행하는 사건이 발생했습니다. 이 사건은 이 차관 임명 보름 뒤 언론 보도를 통해 알려지게 됐는데요.

아무래도 폭행 사건에 연루됐기 때문에 이용구 차관 운신의 폭은 크게 줄어들 수밖에 없었습니다. 차관 취임 이후 '언제 터질지 모르는 시한폭탄'을 안고 임기를 시작했던 셈이죠. 이 때문에 그의 장기인 '말발'을 충분히 세울 수 없는 상황이 돼 버린 것이고요.

아마도 청와대가 그렸던 그림은, 내공이 뒷받침된 이 차관의 '말발'로 검찰의 '손발'을 묶는 것이었을 텐데요. 아이러니하게도 이 전 차관은 자신의 손발 때문에 입이 묶여버리는 상황에 놓이게 됐습니다. 나아가 검찰을 제압하기는커녕, 검찰 수사 대상인 피의자被疑者로 전락했고요.

결국 임명 직후부터 수세에 몰렸던 이 전 차관은 임기 내내 해명과 사과를 거듭하다, 임명 6개월 만에 사의를 표했습니다.

소위 말하는 '입'으로 흥한 자가, 자신이 행사한 무력으로 인해 제대로 '입' 한 번 써보지 못한 채 물러나게 된 건데요. 당시 청와대 측 인사들은 이런 상황을 보면서 어떤 생각을 했을까요?

법조인들이 머릿속에 떠올리는 폭행暴行은 아마도 '상대방에게 유형력有形力을 행사하는 행위'일 것입니다. 조금 쉽게 설명하면 상대방을 가격해 불쾌하거나 불이익한 상황을 만드는 것이죠.

이 전 차관의 택시기사 폭행은 돌고 돌아 문재인 정부를 불쾌하게 만들고 불이익한 상황에 놓이게 했습니다. 이 전 차관 관련 뉴스를 보면서 느꼈을 국민들의 마음은 잠시 차치하더라도 말입니다.

폭행은 모두를 불행하게 만듭니다. 과도하게 화를 내는 행위는 결국 스스로를 벌하는 결과를 야기하기 때문에 피해자와 가해자, 그리고 그 주변 사람까지 모두에게 피해를 주게 되는 것이죠.

'이용구 전 차관 인사'는 이와 같은 측면에서 볼 때, 결과적으로 문재인 정부가 그렸던 큰 그림에 소위 '흙탕물을 튀긴 인사'였던 셈입니다. 지니고 있던 능력은 '달'과 같은 존재였지만, 택시기사 폭행 사건으로 인해 졸지에 '6펜스'로 전락해버린 것이죠.

대통령의 인사는 개인의 능력과 전문성도 중요하지만 정치 성향이나 성장 배경, 아니면 이처럼 개인 사생활에서 비롯한 '삶의 궤적' 등까지 종합적으로 고려해야 국정과 여론을 주도해갈 수 있습니다. 이 때문에 인사가 만사라는 말도 나오고, 인사가 종합예술이라는 말까지 나오는 것일 겁니다.

물론 정권 내부적으로는 틈틈이 '후계 그룹 육성을' 위한 이른바 '경력 관리용 인사'도 물론 조금씩 해야겠지만요.

정권政權이 정권正權되기는 쉽지 않다고 하는데요. 정권과 정파의 흥망성쇠興亡盛衰 역시도 결국 '태도'에 달렸다는 생각이 듭니다.

말년이 좋지 않았던 역대 정부들을 되돌아보면, 어떤 태도를 취해야 할지 명확히 보이는데요. 그런 정권을 실제로 만나는 것은 왜 그리 어려운 건지 답답할 따름입니다.

5 급기야 "검찰총장, 대통령 국정 철학 상관성 크다"

정치인들이 무슨 말을 하든 기자들은 이른바 '포커페이스'를 유지합니다. 정말 말도 안 되는 이야기를 해도 일단 화자 앞에선 되도록 웃는 낯빛을 유지합니다.

박범계 전 법무부 장관이 아래와 같은 이야기를 했을 땐 '포커페이스' 유지가 쉽지 않았을 수도 있지만 말입니다.

지난 2021년 4월 23일, 당시 박범계 법무부 장관은 '검찰총장 후보 추천 요건'을 묻는 기자들의 질문에 "검찰총장은 대통령이 검찰 기관을 이끌 수장을 임명하는 것이기 때문에, 대통령의 국정 철학에 대한 상관성이 크다"고 답했습니다.

대관절 이게 무슨 이야기인가요? 하물며 그 검찰총장을 임명할 문 전 대통령이 취임사에서, "대통령의 제왕적 권력을 최대한 나누겠다. 권력기관은 정치로부터 완전히 독립시키겠다"고 했음에도 말입니다.

법무부 장관이 이처럼 노골적으로 자신의 속마음을 터놓고 공개적으로 이야기 한 사례는 쉬이 찾아보기 어려울 것입니다. 박 전 장관의 이 발언에 대해, 같은 당인 조응천 의원조차 "귀를 의심했다"며 "검찰총장의 덕목으로 제일 중요한 것은 여전히 정치권력으로부터 독립해 공정한 결정을 하려는 결연한 의지와 용기"라고 했습니다. 오죽했으면 이렇게 이야기했을까요?

문제가 생겼을 때 정치인들은 크게 네 가지 방식을 취합니다. 자신의 논리를 더해 소신 발언의 취지를 계속 이어가든지, 혹은 발언의 일부를 부인하며 슬쩍 비켜가든지, 아니면 딴소리로 말을 돌려버립니다. 정 안 되겠다 싶으면 슬쩍 사과하고 어벌쩡 넘기기도 하고요.

그런데 박 전 장관의 발언은 소위 '마사지'할 범위를 넘어서도 한참 넘어섰기 때문에, 원론적인 '모범 답안'을 다시 제출했던 것으로 보입니다.

역대 법무부 장관들은 아마도 속마음은 박 전 장관과 같았을 수도 있겠지만, 공식적인 질문을 받았을 때 대개는 조 의원처럼 답변했을 것입니다. 그 이상의 발언은 상상할 수도 없고, 상상해서도 안 되기 때문입니다.

만약 똑같은 이야기를 한동훈 법무부 장관이 했다면 정치권에서 어떤 반응을 보였을까요? 물론 한 장관이 이런 이야기를 공개적으로 할리도 만무하지만요.

권력은 권력자를 위해 소비하는 게 아니라, 오롯이 국민을 위해 소비해야 합니다. 그렇기 때문에 권력을 잡는 게 어렵지만, 권력을 소비하는 것은 더더욱 어렵다는 이야기가 나오는 것이겠지요.

'검찰개혁'을 정권 초기부터 부르짖었는데, 이런 어처구니없는 발언을 국회의원을 겸직하던 법무부 장관이 공공연히 이야기 했으니 여권에서도 당황할 수밖에 없었을 것입니다.

이러니 검찰개혁의 순수성純粹性에 대한 의구심疑懼心을 끝내 떨치지 못했던 것이고요.

정당은 권력을 생산하는 '이익집단利益集團'이고, 정부는 권력을 소비하는 '공적 기구公的 機構'입니다. 정당을 통해 통치의 힘을 수혈 받지만, 그럼에도 불구하고 특정 정치세력에 유리하거나 우호적으로 권력을 소비해서는 안 된다는 이야기죠.

이른바 여의도 정가에서는 과거에 청와대와의 관계에 대해, '너무 가까이 붙어 있다가는 타 죽고, 그렇다고 또 너무 멀리 떨어져 있으면 한파에 얼어 죽는다'는 말이 회자됐습니다. 적절하게 거리감을 유지해야 정당이 '롱런'할 수 있다면서요.

사실 장관은 대통령이나 주요 정치인에 비해 주목받기 어려운 자리인데요. 대형 사고가 터졌을 때에는 대통령이나 주요 정치인 이상으로 크게 주목받거나 대중의 관심을 끌기도 합니다. '장관은 빛나지 않을 때 가장 빛난다'는 정치권 격언과 달리 말이죠.

'사람이 먼저다'라는 슬로건을 내세웠던 문재인 정부는, 결국 요직에 있던 사람들의 언행이 문제가 되면서 서서히 침몰했던 것이 아닐까요? 뉴욕타임즈에서 조차 '박범계 장관 발언' 보름 전에 있었던 4·7 보궐선거 참패 원인으로 '내로남불naeronambul'을 꼽았을 정도였으니까요.

정권 초기에는 검찰을 적폐수사라는 미명하에 앞세워서 활용하더니, '살아있는 권력'을 수사하자 검찰의 수사권마저 박탈하려 했던 부분들에 대해 국민들이 그저 바라만 봤던 것은 아니었던 것 같습니다.

저명한 국제정치학자로 현실주의 학파의 대부이자 고전적 현실주의 이론의 거장인 '한스 모겐소Hans Joachim Morgenthau' 전 시카고대 교수는 생전에 한 나라의 국력을 결정하는 9가지 요소에 대해 언급했는데요. 그 나라의 지리적 조건, 자연자원, 공업능력, 군비, 인구, 국민성, 국민의 사기, 외교의 질과 함께 마지막으로 '정부의 질'을 꼽았습니다.

국무위원들의 태도와 행동이 모아져 정부의 질이 결정되고, 정부의 질이 결국 국력으로 연결된다는 점을 모든 국무위원들이 명심해주면 좋겠네요.

급기야 "검찰총장, 대통령 국정 철학 상관성 크다"

6 'MZ 이탈' 가속화 시킨 靑 수석 아들의 한 마디

아들을 키우는 입장에서, 특히 구설에 오른 '그 아들'처럼 불안과 강박 증세를 가진 아들을 매일 지켜보는 아빠의 입장에서, 유사 증상이 있는 '멀지만 가까운 듯한 다른 집 자녀'에 대해 언급하는 게 굉장히 조심스러운데요.

청와대 민정수석이라는 자리가 결코 가볍지 않기 때문에 고민 끝에 최소한의 언급만 해볼까 합니다.

문재인 전 대통령은 지난 2021년 3월, 박범계 당시 법무부 장관과 '인사 갈등'을 빚은 끝에 사퇴한 검사 출신의 신현수 민정수석의 후임으로 민변 출신인 김진국 감사원 감사위원을 낙점했습니다.

전임인 김종호 전 수석이 4개월 만에 물러났고, 문재인 정부 들어 처음으로 '검사 출신 민정수석'이 임명돼 부임 초부터 세간의 이목을 끌었던 신 전 수석이, '검찰 인사' 등을 둘러싼 논란의 책임을 지고 임명 64일 만에 물러나게 되면서 '민정수석 잔혹사'라는 말까지 나오게 됐던 그 시기에요.

그 직후 취임했던 김 전 수석은 노무현 정부 청와대에서 법무비서관을 지내며, 당시 민정수석과 비서실장 등을 역임한 문 전 대통령과 호흡을 맞춘 바 있습니다. 2017년 대선에는 문재인 후보 캠프에 참여하기도 했고요.

신 전 수석은 "여러 가지 능력이 부족해 떠나게 됐다"고 사퇴의 변을 밝혔는데, 김 전 수석의 주요 이력이나 성향 등 여러 측면에서 볼 때 정권 차원에서 안심이 됐던 인사로 보여집니다.

사시 출신으로 법무비서관을 거쳐 민정수석직에 오른, 소위 '법조 엘리트 코스'를 거친 김 전 수석은 그러나 "아버지가 민정수석인데 많은 도움을 드리겠다"는 내용이 담긴 아들의 입사지원서가 언론에 공개되면서 9개월 만에 스스로 옷을 벗게 됐습니다.

그의 아들이 쓴 것으로 알려진 입사지원서 내용을 보면, "아버지께서 김진국 민정수석", "아버지께서 많은 도움을 주실 것", "제가 아버지께 잘 말해 이 기업의 꿈을 이뤄드리겠다"고 적은 것으로 알려져 있습니다.

조국 사태 이후 MZ세대를 중심으로 불공정 이슈가 강하게 제기된 이후이자, 대선을 110일 여 앞둔 상황에서 발생한 사건인데요. 김 전 수석이 논란 직후 "아들이 불안과 강박 증세 등으로 치료를 받아 왔습니다. 아들이 부적절한 처신을 한 것은 전적으로 저의 불찰"이라면서 임명 9개월 만에 사의를 표명했고 문 전 대통령은 사표를 즉각 수리했습니다.

이런 내용의 입사지원서를 보면서, '그의 가정에서는 입사 과정에 관여하지 않았겠구나'라는 생각이 들었습니다. 만약 관여했다면 최소한 이런 방식으로 글을 쓰게 놔두지는 않았을 테니까요.

또한 김 전 수석의 아들은 '아직 주변의 조력이 더 필요할 것 같다'는 생각도 조심스레 들었습니다. 그의 아들이 작성한 글을 보면서, '감히' 남의 이야기 같지 않다는 마음도 들었고요. 비판이 능사가 아니라는 생각과 함께요.

당시 여러 상황이 종합적으로 고려된 탓인지, 관련 이슈가 휘발성 있게 더 타오르지는 않았습니다. 다만, 우리 사회에 '씁쓸한 뒷맛'은 남겼습니다.

시민단체 사법시험준비생모임(사준모)은 "비록 최종 입사는 못 했지만 피해자(기업)들이 김 씨에게 연락한 것으로 보아 채용업무가 현실적으로 방해받거나 방해받을 위험을 초래한 것으로 생각된다"며 김 전 수석 아들을 경찰청 국가수사본부에 고발했는데요.

서울경찰청 반부패·공공범죄수사대는 김 전 수석의 아들에 대해 '증거불충분으로 혐의 없음' 결론을 내리고 '불송치'를 결정했습니다.

경찰은 입사지원서에 '아버지가 민정수석'이라고 적시한 사실을 확인했으나, 해당 행위가 업무방해죄상 위계와 위력에 해당하지 않는다고 판단했습니다. 두루 감안한 조치였겠지요.

장자莊子는 "요즘 세상 사람들은 하급관리下級官吏라도 되면 교만해지고, 대부大夫가 되면 수레 위에서 춤을 추며, 정승政丞이 되면 큰아버지 이름까지 함부로 부를 정도로 거만해진다"고 지적한 바 있습니다. 정승은 물론이고 그 주변에 계신 분들까지도 마음에 새겨야 할 이야기죠.

고위공무원과 그 주변 분들은 언필칭$_{言必稱}$ 자신의 발치에 엄청난 양의 피가 고여있다는 점을 반드시 염두에 둬야 한다는 정도로, 집필 내내 무거운 마음이 들었던 이 장의 글을 마무리하겠습니다.

2-2
졸지에 전쟁 대상된 부동산

1 부동산 정책 28번 낸 文 정부
2 '1주택, 고위직 솔선수범' 카드까지 꺼내
3 '부동산과 전쟁' 선포한 靑 대변인의 투기
4 가격 치솟는데 계속 "자신있다" 큰 소리
5 LH 사태 "해묵은 과제" 치부하다 선거 연패
6 文 '매곡동 사저' 시세차익 17억 원

1 부동산 정책 28번 낸 文 정부

제20대 대통령선거를 4주 앞둔 지난 2022년 2월 17일, 국민의힘 윤석열 후보는 문재인 정부의 '부동산 정책'과 관련, "28번 실패를 거듭했는데 실수한 것이라고 생각하지 않는다"며 "건국 이후 집값이 이렇게 뛰는 것을 봤느냐. 고의와 악의가 들어가지 않고 이런 방책이 나올 수가 없다"고 주장했습니다.

그는 이어 "집 있는 사람과 집 없는 사람을 갈라, 자기들(민주당)이 힘없고 가난한 서민과 노동자의 정당이라며 선거 때마다 표를 받기 위해 만든 구도"라며 "부동산 경제정책을 입안한 사람 중에 김수현이라고 있다.『부동산은 끝났다』라는 그 분 책을 보면, 국민들이 자기 집을 가지면 보수 성향으로 바뀌니까 자기들(민주당)을 안 찍는다고 주장한다"고도 했습니다.

'윤석열 후보의 주장'에 동의하지 않으시는 분들도 많으실 텐데, 문재인 정부의 부동산 정책을 하나씩 천천히 살펴볼까요?

문재인 정부 초기에는 '강력 규제'를 총동원했습니다. 첫 정책은 출범 40일 뒤 내놨는데요. 조정 대상 지역을 추가 지정하고 민간택지 전매제한 기간을 '소유권이전등기'까지로 수정했습니다.

규제지역 내 최대 3주택까지 받을 수 있었던 재건축 주택공급도 최대 2주택으로 줄였고, 40곳의 조정대상지역 LTV(주택담보대출비율)·DTI(총부채상환비율)도 10%p씩 강화했습니다.

이 같은 내용의 '6·19 대책' 시행 이후 서울 집값이 상승하자, 정부는 규제 지역을 확대하고 내용도 더 강화했습니다.

이른바 '8·2 대책'으로 서울 25개구와 과천시·세종시도 투기과열지구 및 투기지역 등의 '규제지역'으로 지정했고, 양도소득세와 다주택자 금융규제 및 LTV·DTI 등의 금융규제 수위도 더 높였습니다.

여기에 재개발·재건축사업 등 정비사업은 조합원의 지위 양도와 분양권 전매도 제한했고, 재개발 임대주택 의무건설 비율을 상향하면서 규제지역 정비사업 분양권 재당첨도 금지시켰죠.

첫 추석 명절을 지낸 뒤 내놓은 '10·24 대책'으로 주택시장에 대해 대출을 통한 수익형 부동산투자를 규제하고, '新DTI'와 'DSR(총부채원리금상환비율)'을 도입해 대출상환능력 검증도 강화했습니다.

오락가락 정책도 있었습니다. 문재인 정부는 지난 2017년 12월 13일, 임대차시장 안정화를 위한 정책이라며 지방세·양도소득세·종합부동산세 등의 세제감면 혜택을 확대해 집주인의 임대주택등록을 활성화시켰습니다.

문재인 정부 **부동산 정책 발표** 현황

2017.6.19	주택시장의 안정적 관리를 위한 선별적 맞춤형 대응방안
2017.8.2	실수요 보호와 단기 투기수요 억제를 통한 주택시장 안정화 방안
2017.9.5	8.2 대책 후속조치
2017.10.24	가계부채 종합대책
2017.11.29	주거복지 로드맵
2017.12.13	임대주택등록 활성화
2018.6.28	2018년 주거종합계획
2018.7.5	신혼부부. 청년 주거지원 방안
2018.8.27	수도권 주택공급 확대 추진 및 투기지역 지정 등을 통한 시장안정 기조 강화
2018.9.13	주택시장 안정대책
2018.9.21	수도권 주택공급 확대방안
2018.12.19	2차 수도권 주택공급 계획 및 수도권 광역교통망 개선방안
2019.1.9	등록 임대주택 관리 강화방안
2019.4.23	2019년 주거종합계획
2019.5.7	제3차 신규택지 추진계획
2019.8.12	민간택지 분양가상한제 적용기준 개선 추진
2019.10.1	부동산 시장 점검 결과 및 보완방안
2019.11.6	민간택지 분양가상한제 지정
2019.12.16	주택시장 안정화 방안
2020.2.20	투기 수요 차단을 통한 주택시장 안정적 관리 기조 강화
2020.5.6	수도권 주택공급 기반 강화 방안
2020.5.20	2020년 주거종합계획
2020.6.17	주택시장 안정을 위한 관리방안
2020.7.10	주택시장 안정 보완대책
2020.8.4	서울권역 등 수도권 주택공급 확대방안
2021.2.4	공공주도 3080+ 대도시권 주택공급 획기적 확대방안
2021.2.21	대도시권 주택 공급 확대를 위한 신규 공공택지 추진
2021.8.30	대도시권 주택 공급 확대를 위한 제3차 신규 공공택지 추진

부동산 정책 28번 낸 文 정부

그런데 2019년 1월 9일, 임대주택관리시스템 구축과 세제감면 혜택에 따른 임대인의 '의무조건'을 제시했습니다. 2020년 '7·10 대책'을 통해, 4년 단기 임대사업과 아파트 장기임대사업 폐지도 결정했고요.

이로 인해 상대적으로 저렴하고 임대보증금 보험에 의무 가입된 '싸고 안전한 민간임대주택'이 줄어들게 되면서, 불투명하거나 아슬아슬한 갭투자를 하던 집주인 비율이 더 높아지는 '풍선 효과'가 발생하기 시작했습니다.

이와 함께 2020년 6월 '실거주 2년 의무' 조항을 담은 이른바 '6·17 대책'으로 인해 소유주들이 자신의 구축 아파트로 대거 이사를 오면서, 그곳에 살던 세입자들은 서울 외곽이나 근교의 빌라로 옮겨갈 수 밖에 없었습니다. 공교롭게도 이른바 '전세 사기'로 문제된 지역 대부분이 이 범주에 속하는 곳들이죠.

문재인 정부는 임기 후반이 돼서야 그동안의 부동산 정책이 오히려 집값 상승의 원인으로 작용했다는 지적을 수용하고, 공공 정비사업 카드를 꺼내들었는데요. 이로 인해 가격은 또 한 차례 출렁거렸습니다.

기존의 '의도치 않은 부작용(unintended consequence)'을 개선하려다, 또 다시 '의도치 않은 부작용'이 나타난 겁니다.

이런 상황을 종합해보면 '고의'와 '악의'라기 보다는, '무지無知'와 '아집我執'때문이라고 보는 것이 타당하지 않을까요?

2 '1주택, 고위직 솔선수범' 카드까지 꺼내

민주당이 '임대차법'을 강행 처리하기 4주 전쯤인 지난 2020년 7월 2일, 청와대 핵심관계자는 "노영민 비서실장이 다주택 처분을 재차 강력 권고했다"는 내용의 백그라운드 브리핑을 했습니다.

"비서관급 이상은 법적으로 처분 불가능한 상황이 아니면 이달 중으로 1주택을 제외하고 나머지는 처분하라"고 처분시기까지 못 박았다고 했습니다.

앞선 권고는 6개월 전이었는데, 여전히 10명 넘게 투기지역과 투기과열지구, 조정대상지역 등에서 다주택 보유자로 남아 있었기 때문에 이와 같은 추가 권고가 있었던 것으로 보입니다.

당시 정세균 국무총리도 "국민 신뢰를 얻기 어렵다"며 '다주택자인 부처 고위공직자'에게 매도를 지시했는데, 큰 울림이 없었던 셈입니다.

"청와대 내 다주택 보유자는 대부분 불가피한 사유가 있지만 국민 눈높이에 맞아야 하고, 우리가 솔선수범해야 한다"며 강력 권고를 내렸던 노 전 실장 역시, 서울 반포 소재의 '강남 아파트'가 아닌 충북 청주의 '고향집'을 처분한 상태에서 이 같은 이야기를 했으니 귀 기울여 듣지 않았던 겁니다.

그런데요. "노 실장이 당사자들을 면담해 매각을 권고했다"는 구체적 내용까지 기자들에게 전했던 핵심관계자도, 서울 강남권에 집을 소유한 다주택자였습니다. 이 때문에 '다들 눈 가리고 아웅한다'는 뒷얘기가 나오기도 했죠.

그로부터 한 달 뒤쯤, 강기정 정무·김조원 민정·윤도한 국민소통·김외숙 인사·김거성 시민사회 등 수석비서관 5명이 사의를 표명했습니다. 당시 청와대 핵심 관계자는 "최근 상황에 대한 책임을 지겠다는 뜻에서 사표를 낸 것"이라고 했습니다.

'부동산 대책 등에 대한 비판여론을 의식한 것인가'라는 물음에는 '종합적 판단'이라며 비켜갔고요.

이를 두고 야당에선 "결국 집이 최고다. 부동산 불패만 입증하고 떠난다"며 "'강남 두 채' 김조원 수석은 결국 직이 아닌 집을 택했다"고 비판했고요. "(김 수석이) 어제 급하게 매물 거둔 이유가 이것 때문인가"라고 비꼬기도 했습니다.

최장수 국토교통부 장관으로 이름을 올린 김현미 전 장관이 재임 중 내놓은 정책 실패 사례가 20차례에 육박한다는 지적이 나오는데요. 정권 핵심에 있던 사람들조차 '딴 마음'을 먹고 있었으니, 지적에 있는 사람들의 마음도 헤아리지 못했던 '그 정책'이 효과가

있을 리 만무하겠지요.

중국 춘추시대 위衛나라 유학자 자공子貢이 "제가 평생 동안 실천할 수 있는 한 마디의 말이 있습니까"라고 묻자, 공자孔子는 "그것은 바로 용서의 '서恕'다. 자신이 원하지 않으면 다른 사람에게도 하지 말아야 한다"며 '기소불욕물시어인己所不欲勿施於人'의 가르침을 전했다고 합니다. 이는 『논어論語』'위령공편衛靈公篇'에 나오는 구절의 유래죠.

내가 하기 싫은 일은 다른 사람도 하기 싫은 법입니다. 그렇기 때문에 내가 원하지 않는 일은 남에게 강요해서도 안 되는 것이죠. 집을 팔라고 강제할 일도 아니었고, 그 지역에 거주하는 사람들에게 손가락질 할 일은 더더욱 아니었습니다.

문재인 정부 청와대에서 정책을 총괄하시던 분도 '강남 3구'인 송파 지역의 최고가最高價 아파트에 거주하고 있었고, 청와대와 내각을 넘나들며 '검찰 개혁' 등의 핵심 아젠다를 선봉에서 리드하던 분도 '강남권서초 아파트'에 살고 계셨으니 말이죠.

속된 말로 본인들은 누릴 것을 다 누리면서, 대통령과 장관이 소규모 임대주택 모델하우스에 방문해 '아파트에 대한 환상을 버리라'고 하면 정권 유지가 되겠습니까?

'옳은 정책'만 있다고 생각할 게 아니라 '좋은 정책'이나 '보다 적절한 정책'도 있다는 사실을 두루 인정해야 정권 유지든 재창출이든 할 수 있겠죠.

3 '부동산과 전쟁' 선포한 靑 대변인의 투기

"우리 조선조에 청백리로 뽑힌 자가 통틀어 110명인데,
태조 이후 45명, 중종 이후 37명, 인조 이후 28명이었다.
경종 이후로는 드디어 이렇게 뽑는 것조차 끊어지고,
나라는 더욱 가난해지고 백성은 더 곤궁하게 됐으니 이 어찌 한심하지 않은가.
400년 동안 벼슬한 자가 천 명이나, 만 명이나 되는데 그 중에서
청백리로 뽑힌 자가 겨우 이 수에 그쳤으니 사대부의 수치라 하지 않겠는가"

-정약용, 목민심서 中-

대사헌大司憲, 이조판서吏曹判書 등을 역임한 조선 중기의 문신 송순宋純의 가사 '십 년을 경영하여' 내용 기억나실 겁니다. 속세를 벗어나 자연을 즐기는 삶을 표현한 작품이었죠.

"십년을 경영하고 초가 삼간 지어내니
나 한 간, 달 한 간에 청풍 한 간 맡겨두고
강산은 들일 데 없으니 둘러 두고 보리라"

그런데 송순의 재산을 상속하거나 분배한 내용을 기록한 분재기를 보면 입이 딱 벌어집니다.

장녀에게 노비 41명과 전답 153두락, 차남의 부인에게는 노비 40명에 전답 142두락과 '면앙정', 정자 주위의 죽림 등을 상속했다고 나와 있습니다. 모두 8명의 자손에게 약 2000석을 나누어주었다고 합니다. 그가 쓴 가사의 내용과는 다소 거리감이 있어 보이죠?

제21대 총선을 1년 여 앞둔 지난 2019년 3월 29일, 김의겸 청와대 대변인이 자진 사퇴했습니다. 그가 '청와대 대변인'으로 재직 중이던 지난 2018년 7월, 서울 동작구 흑석동 소재 재개발 건물을 총 25억 7000만 원에 사들인 부분에 대한 비판 여론이 걷잡을 수 없이 커졌기 때문입니다.

당시 매입가의 약 40%에 해당하는 10억 원은 '은행 대출'을 통해 조달했고, 지방 거주자 등 소위 '장거리 출근자'를 위한 이른바 '대경(대통령 경호실) 빌라'에 거주하면서 주거비 지출을 최소화 한 행위 등에 대해서요.

이에 야당에선 "정권 차원에서 부동산 투기와의 전쟁을 선포한 상황이었는데 '대통령의 입'인 대변인의 일탈행위로 인해, 대통령이 입이 열 개여도 할 말이 없게 됐다"고 비판했습니다.

"아내가 저와 상의하지 않고 내린 결정이었다. 제가 알았을 때는 이미 되돌릴 수 없는 지경이었다"는 김 전 대변인의 마지막 해명도, "하다하다 아내 탓까지 하느냐"며 "분노를 넘어 연민의 정까지 느껴진다"고 할 정도였습니다.

문재인 전 대통령 입장에서는 '부동산 투기 문제'로 대변인을 잃게 된 부분이 굉장히 뼈아픈 지점이었을 텐데요. 그로부터 2년 뒤에는 정부 정책을 총괄하던 김상조 청와대 정책실장 마저 소위 '부동산 문제'로 이탈하게 되면서 그야말로 체면을 구길 수밖에 없었습니다.

공정거래위원장까지 지냈던 김 전 실장은 임대료 인상 폭을 5%로 제한한 '임대차 3법' 시행 직전, 본인 소유의 강남 아파트 전세 계약을 갱신하며 전세 보증금을 14.1% 올려 받았습니다. 당초 8억 5000만원에서 1억 2000만원 오른 9억 7000만원으로요.

2020년 여름 '주요 일정'

◆ 제21대 국회 개원식	7월 16일
◆ '집주인 김상조' 전세 갱신	7월 29일
◆ 민주당 '임대차3법 처리'	7월 30일
◆ '임대차3법' 개정·공포안 심의·의결일	7월 31일
◆ '세입자 김상조' 전세 갱신	8월 29일

그런데요, 국회는 김 전 실장 계약 바로 다음 날 본회의에서 계약 갱신청구권제와 전월세 상한제를 도입하는 내용의 주택임대차

보호법 개정안 등 임대차 3법을 처리했고, 익일 국무회의를 거쳐 즉시 시행됐습니다.

여권의 이와 같은 분위기 속에서 김 전 실장은 '즉시 시행' 이틀 전, 임대차법을 기만하는 전세 계약을 체결했던 것으로 뒤늦게 알려졌습니다.

그는 지난 2020년 말 '임대차법' 부작용으로 전세난이 일어나자, "불편하더라도 조금만 기다려달라. 집값이 안정될 것"이라며 거듭 국민들에게 이해를 구했습니다. 그랬기에 비난 여론이 더 커졌던 겁니다.

이 분 역시 '마지막 해명'도 논란이 됐습니다. 김 전 실장은 자신이 살고 있는 서울 금호동 아파트 전세 가격이 올라 어쩔 수 없었다고 해명했는데요.

자신은 보증금 1억 2000만 원을 올려받고, 세들어 살던 곳 집주인과는 그로부터 한달 뒤쯤 기존 5억 원에서 5000만 원 오른 금액에 전세계약을 갱신했습니다. "어쩔 수 없었다"는 해명과 달리 7000만 원의 추가 차액이 발생했습니다. 굳이 7000만 원을 더 올려 받았던 겁니다.

여기에 당시 김 전 실장에게 금전적 여력이 다소 있었던 정황까지도 드러났습니다. 그가 사퇴한 지 3개월 뒤 공개된 고위공직자 정기 재산변동 신고사항에 따르면, 본인과 배우자 명의의 예금은 각각 9억 8000만원, 4억 5000만 원이었습니다. 뒤늦게 이런 상황을 접하게 된 국민들의 마음은 어땠을까요?

박근혜 전 대통령은 지난 1993년, 『평범한 가정에 태어났더라면』이라는 제목의 책을 펴냈습니다. 박 전 대통령은 그 책에서 '열 길 물 속은 알아도 한 길 사람 속은 모른다'는 속담을 거론했고, 인간다운 인간을 찾아 낮에도 등불을 밝히고 돌아다녔다는 그리스 철학자 디오게네스의 일화를 언급하면서 '진실한 인간 찾기의 어려움'을 토로하기도 했는데요.

박 전 대통령 주변 사람들과 문 전 대통령 주변 사람들을 볼 때, 비록 처한 상황은 달랐지만 두 분이 일종의 '동병상련同病相憐'을 느꼈을 것이란 생각은 듭니다. 물론 '사람 보는 눈' 역시도 지도자의 중요한 자질 가운데 하나이긴 하지만요.

4 가격 치솟는데 계속 "자신있다" 큰 소리

지난 2021년 '탈서울 인구'가, 문재인 정부 출범 이전의 2배가 넘는 규모인 40만 6975명이었던 것으로 조사됐는데요. 이 분들이 서울을 떠나게 된 가장 큰 이유가 '집값 폭등' 때문이었던 것으로 분석되면서, 문재인 정부의 부동산 정책 실패 사례가 하나 더 추가된 것이란 평가를 받았습니다.

한국부동산원에 따르면, 2021년 말 서울 집값 평균 매매가는 11억 5147만 원이었습니다. 전 년 동기 대비 2억 5800만 원 가량 상승했습니다.

지난 2020년에 처음으로 서울 집값 평균 매매가가 10억 원을 돌파했는데요. 집값이 가파르게 상승하자, 탈서울 인구 또한 2020년 전후로 크게 늘어났습니다.

서울을 떠나 경기·인천으로 전입한 수는 직전 해인 2019년에는 25만 3000명이었는데요. 2020년에 28만 1000명으로 늘더니, 2021년엔 40만 명대로 대폭 증가했습니다.

결과적으로 보면, 2019~2021년 사이에 90만 명 넘게 '서울 살이'

를 포기하고 수도권의 다른 지역으로 거처를 옮긴 것이죠.

문재인 전 대통령은 지난 2019년 '국민과의 대화'에서 "부동산 문제와 관련해서는 우리 정부에서는 자신 있다고 장담하고 싶다"고 했는데요. 그해 '뛰는 집값'을 감당하지 못해 서울시민 25만 명 이상이 서울을 떠나게 됐습니다.

2020년 1월 신년기자회견에선 "부동산 투기와의 전쟁에서 결코 지지 않겠다. 지금 부동산시장은 상당히 안정이 되는 것 같다"고 했는데, 그 발언 이후 2년 동안 대략 70만 명 가량이 '서울 거주'를 포기했고요.

그러면 이전 정부에 비해 '탈서울 인구'가 어느 정도 늘어난 것이었을까요? 박근혜 정부 시절이었던 지난 2015년 탈서울 인구는 13만 7256명, 2016년엔 14만 257명, 정권 교체기였던 2017년엔 9만8486명으로 10만 명이 채 안됐습니다.

문재인 정부가 들어선 이후 박근혜 정부 때에 비해 '탈서울 인구'가 2~3배 정도 많아진 겁니다. '서울 살이' 여부는 결국 부동산 가격에 달렸다는 결론에 이르게 됩니다.

문 전 대통령이 "부동산 문제 자신 있다고 장담"한 2019년 서울지역 매매가는 전년보다 평균 1억 원 가량 상승했고요. "투기와의 전쟁에서 지지않겠다"고 다짐했던 2020년에는 평균 6500만 원 올랐습니다. 그 이듬해에는 2억 5800만 원 가량 훌쩍 뛰었고요.

결과적으로 문 전 대통령이 '부동산과의 전쟁'을 선포한 이후, 3년 사이에 서울 집값 평균이 4억 원 가량 급등했습니다.

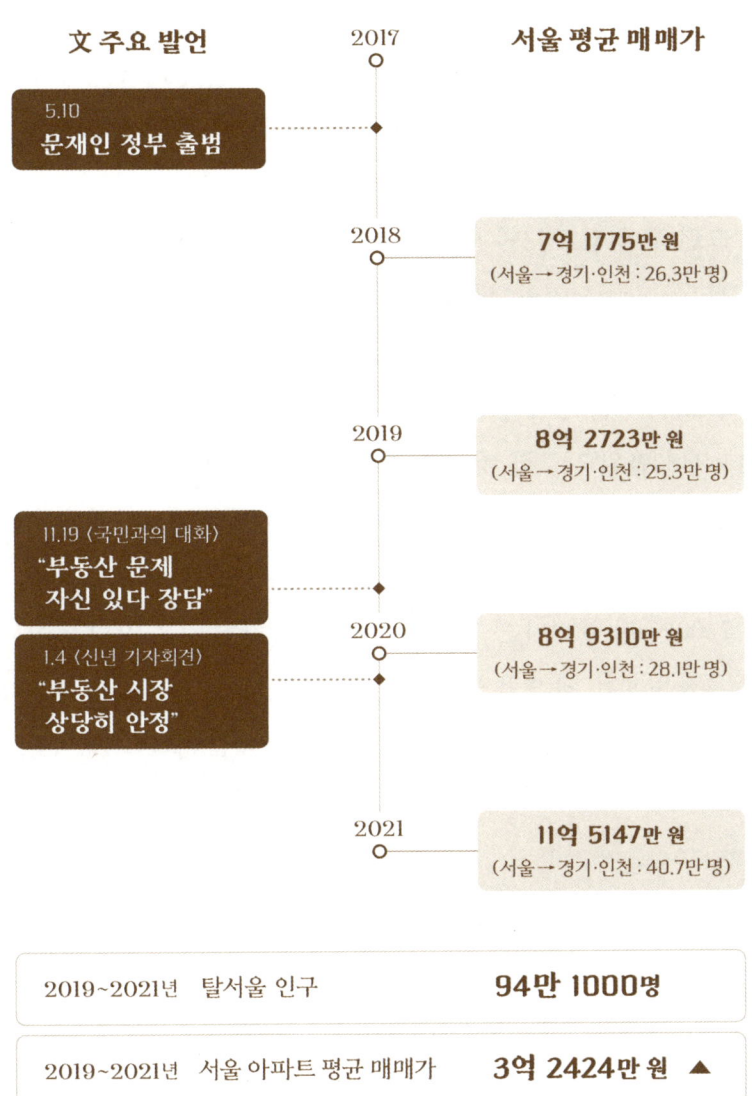

가격 치솟는데 계속 "자신있다" 큰 소리

일각에선 '서울 입주물량'이 감소해 경기도와 인천으로 넘어간 것이라는 주장도 제기되는데요. 부동산R114의 공급통계에 따르면, 2021년 서울 입주 물량은 임대 포함해 총 3만 3517가구로 2020년 4만 9728가구 대비 32.6% 감소했습니다.

그런데 지난 2022년 서울 입주물량은 2만 4268가구로 전년 대비 27.6% 감소했지만, 탈서울 인구수는 23만 4059명으로 도리어 문재인 정부 마지막 해에 비해 42.5% 가량 줄었습니다.

2022년 서울 평균 집값은 평균 10억 6759만 원을 기록해, 전년보다 8388만원 감소한 것으로 나타났습니다. 입주물량 감소와 탈서울 간 상관관계보다는, 집값 하락과 탈서울 간 상관관계가 보다 설득력을 갖는 대목입니다.

2200년 전 한비자는 "군주가 나라를 망치는 것은 악의가 아니라, 물정은 모른 채 의욕만 넘치는 열정과 선의에 기인하는 경우가 많다"고 이야기 했는데요. 문재인 정부의 부동산 정책 실패 이유도 이 범주를 크게 벗어나는 것 같지 않아 보입니다.

5 'LH 사태' "해묵은 과제" 치부하다 선거 연패

노무현 전 대통령의 '비전2030 미래예측'은 사실 문재인 정부 탄생으로, 100% 현실화됐다고 해도 과언이 아닙니다. '비전2030 미래예측'은 2020년까지 극우의 나라에서 보수의 나라로, 2030년까지 중도진보의 나라로 만드는 게 목표였는데 2017년에 이미 중도진보의 나라가 됐기 때문이죠.

문재인 정부는 '조국 사태'가 터져도 의석 180석을 확보해 건재함을 과시했고, 국회 과반을 차지하자마자 '임대차 법'을 강행 처리하면서 대외적으로 '막강한 힘'도 보여줬습니다.

그런데 이른바 'LH 사태'가 일종의 트리거Trigger가 되면서 거대한 타이타닉호와 같았던 '문재인 호'도 서서히 침몰하기 시작했죠.

문 전 대통령은 이른바 'LH 사태'가 터졌을 당시인 지난 2021년 3월 16일, "촛불혁명으로 탄생한 우리 정부는 부정부패와 불공정을 혁파하고 투명하고 공정한 사회를 만들기 위해 최선을 다해 왔지만, 아직도 해결해야 할 해묵은 과제들이 많다"고 했습니다.

하지만 LH의 전현직 직원들이 소위 경기 광명과 시흥 등 3기 신도시 개발계획 정보 등을 이용해 이른바 '땅 쇼핑'에 나선 건 주로 2018년부터 2020년 사이의 일로, 문 전 대통령이 정권을 잡았던 시기였습니다.

2017년 여름에도 거래가 있었는데, 그 역시도 문재인 정부 시절이었고요. 자신의 재임기에 벌어진 일인데 '해묵은 과제'라는 표현으로 비켜가려 했던 것입니다.

지난 2002년 미국 도널드 럼스펠드 국방장관이 했던 말처럼 '모른다는 것조차도 모르고(Unknown unknowns)' 이야기했을 가능성은 거의 없었을 테니, 야당은 즉각 "책임 없는 권력을 누리려 한다"며 강하게 비판했습니다.

『신밧드의 모험』 에피소드 가운데, 높은 나무 위에 있는 코코넛을 따기 위해 그 주변의 원숭이들한테 돌멩이를 던져 그들을 화나게 만드는 장면이 나옵니다. 화가 난 원숭이들이 바로 옆에 있는 코코넛을 따서 밑으로 던지게 하는, 즉 '상대의 화'를 역이용하는 이야기죠.

우리 정치에서도 이런 식으로, 화를 돋운 쪽이 도리어 자신에게 유리한 판을 만들어가는 모습을 볼 수 있었는데요. 그런데 대부분의 유권자들이 그와 같은 구태를 겪으면서 점차 깨달아가는 바가 있었기 때문에, 'LH 사태'가 터진 직후 '해묵은 과제'로 규정한 문재인 정부를 지지하지 않고 바로 심판했던 것이죠.

"기회는 평등하고 과정은 공정하며 결과는 정의로울 것"이라고 했던 문재인 정부에서 '언행일치言行—致'가 안 되는 모습을 보면서, 임기 막판에는 불평등하고 불공정한 상황을 꼬집는 수많은 아류작이 쏟아져 나오지 않았습니까?

민주당은 지난 2006년 이후, '진보 정부' 8년 차를 넘어서면서 각종 선거에서 연전연패했습니다. 2006년 지방선거, 2007년 대선, 2008년 총선까지 주요 선거마다 민심의 매서움을 맛봤습니다. 그 결과 정권도 내줬고, 과반을 넘던 의석(152석)도 81석으로 '반토막' 났습니다.

그런데 이처럼 천당에서 지옥으로 넘어가는 경험은 국민의힘도 똑같이 해봤습니다. '보수 정부' 8년 차에 치러진 지난 2016년 총선에서 '원내 1당' 지위를 민주당에 내준 뒤, 2017년 대선, 2018년 지방선거, 2020년 총선까지 패배의 쓴 잔을 연거푸 마셨으니까요.

'천당과 지옥을 오갔던' 민주당은 또 다시 문재인 정부 4년 차 이후의 선거에서 연전연패 하기에 이릅니다. 2021년 서울·부산시장 보궐선거, 2022년 대선과 지방선거에서요.

그나마 한나라당은 지난 2008년 총선에서 압승을 거둔 직후 터진 '광우병 사태'로 인해, 국민 무서운 줄을 알게 되면서 2012년 대선에서 정권 재창출을 해낼 수 있었는데요. 민주당은 '사과' 조차 몰랐기에 5년 만에 정권을 넘겨줄 수밖에 없었죠.

2004년 이후 '주요 선거 결과'

연도	선거	결과
2002년	대통령선거	**민주당 승**
2004년	총선	**민주당 승**
2006년	지방선거	**한나라당 승**
2007년	대통령선거	**한나라당 승**
2008년	총선	**한나라당 승**
2010년	지방선거	**민주당 승**
2011년	서울시장 보선	**민주당 승**
2012년	총선	**새누리당 승**
2014년	지방선거	**민주당 승**
2016년	총선	**민주당 승**
2017년	대통령선거	**민주당 승**
2018년	지방선거	**민주당 승**
2020년	총선	**민주당 승**
2021년	서울·부산시장 보선	**국민의힘 승**
2022년	대통령선거	**국민의힘 승**
2022년	지방선거	**국민의힘 승**

여야가 정권을 포함해 국회 의석 분포까지 롤러코스터를 타는 '유사한 흥망성쇠 상황'이 세 번 연속 벌어질지, 아니면 '처절한 패배의 역사'를 두 번으로 끊을지 여부는 제22대 총선 결과에 달렸습니다. 여야가 기대하는 선거 결과를 떠올려 보면, 민심 앞에 겸손할 수밖에 없지 않습니까?

그런데 왜 국민을 무서워하지 않고, 오히려 지배하려 들고 가르치려 드는지 모르겠습니다. "노예가 노예됨을 받아들일 때 비로소 주인과 노예의 변증법이 완성된다"는 헤겔의 주장을, 실제로 구현하려 드니 말입니다.

22대 총선을 앞두고 여야가 어떤 슬로건을 내놓을지 궁금한데요. 매 선거 때마다 뼈를 깎아내 이제는 더 이상 깎아낼 뼈도 없을 테지만, 그럼에도 최소한 겸손한 모습이라도 다시 볼 수 있기를 기대해봅니다.

'LH 사태' "해묵은 과제" 치부하다 선거 연패

6 文 '매곡동 사저' 시세차익 17억 원

지난 2022년 2월 17일, 문재인 전 대통령은 취임 전 거주했던 경남 양산시 매곡동 주택을 매각했습니다. 사저 건물 329.44m²과 주차장 577m², 논 3필지 76m²와 도로 2필지 51m²를 26억 1662만 원에 매도한 건데요. 공인중개사를 통하지 않고 직거래했습니다. 퇴임이 100일 가량 남은 시점이었죠.

이른바 '매곡동 사저'는 문 전 대통령이 지난 2009년 1월과 3월 등 두 차례에 걸쳐 도합 9억 원을 주고 사들였습니다. 그런데 사저를 매각하면서 잡종지 159m²(매입가 3000만 원)는 제외했으니, 결과적으로 8억 7000만 원에 사들여 13년 만에 세 배 수준의 가격으로 되팔면서 17억 4662만 원의 차익이 발생했습니다.

'매곡동 사저' 매수자는 마리오아울렛 홍성열 회장이었습니다. 홍 회장은 지난 2017년에는 박근혜 전 대통령의 서울 '삼성동 사저'를, 2022년에는 이명박 전 대통령의 '논현동 사저'를 매입한 인물로 알려져 있죠.

앞선 거래에 더해 문 전 대통령의 사저까지 사들이면서, 출신과 성향이 제각각인 전직 대통령들의 사저를 '쇼핑'한 이유가 궁금하다며 이를 둘러싼 뒷말이 나오기도 했습니다. 물론 부정적 내용은 아니었지만요.

저도 취재 차 한 차례 방문한 적이 있었던 '매곡동 사저'는 문 전 대통령이 큰 애정을 쏟았던 거주지이기도 합니다. 문 전 대통령은 지난 2016년 서울 서대문구 홍은동의 한 빌라를 매입했지만, 이곳을 '임시 거처'라고 불렀습니다. 퇴임 후 매곡동으로 돌아갈 것이라는 의사도 여러 차례 표현한 바 있고요.

하지만 사저가 워낙 외진 곳에 있어 경호상 문제가 불거지면서 경남 양산의 '평산 마을'로 거처를 옮기게 됐습니다. 문 전 대통령 측은 "사저 매각 비용으로, 퇴임 후 머물 양산시 하북면 지산리 '평산마을 사저' 건축비로 충당했다"고 밝혔습니다.

그런데 일각에서는 문 전 대통령이 '시세보다 두 배 가까이 비싸게 판 것'이란 의혹을 제기하기도 했습니다. 문 전 대통령이 $3.3m^2$당 500만 원이 넘는 돈을 받고 거래했는데, 그 주변 단독주택 매물 호가가 $3.3m^2$당 280만 원 선에 형성돼 있다고 주장하면서요.

이 같은 의혹에 대해 문 전 대통령 측 관계자는 "주변 주택 거래량이 많지 않아 정확한 시세를 알기 어렵다"면서도 "시세에서 크게 벗어나지 않은 정상적인 거래인 것으로 안다"고 했습니다.

우리 사회 곳곳에서 '전후 사정을 뻔히 알면서도 고의적으로 덮어씌우는 행태'가 반복적으로 벌어지고 있습니다. 상대방에 대한

文 '매곡동 사저' 시세차익 17억 원

'편향 의혹'을 제기하면서, 스스로가 '역편향의 오류'를 범하기도 하고요.

　부동산으로 인한 수익을 예상했든 못했든, 기존의 법질서를 무너뜨리고 기만한 게 아니라면 매매 그 자체에 대해 비판할 이유는 없습니다. 이는 문재인 전 대통령에 대해서도 마찬가지고요.

　문 전 대통령은 지난 2019년 11월 19일 '국민과의 대화'에서, "전국적으로는 집값이 안정되고 있다"고 했는데요. 서울 지역도 아니고 '안정돼 있다'고 했던 지방의 주택을 팔아, 13년 만에 차익이 17억 4662만 원에 달했다고 해서 그를 비판할 생각은 전혀 없습니다.

　그런데 묻고는 싶은 것이죠. 그 당시 매매도 이른바 '투기성 거래'라고 생각하시는지 말입니다. 물론 "전혀 아니다"라는 '정답'은 저도 알고, 우리 모두가 알고 있지만요.

　임기 중에 부동산 가격이 서울 강남의 경우 많게는 수십 억 원씩 올랐는데, 정권 차원에서 범위를 전국으로 넓히고 퍼센트로 표현해 국민의 체감 강도를 낮춰 기만하려 했던 부분은 다시 한 번 짚고 넘어가야 한다는 생각입니다.

　그렇게까지 했는데도 강남과 강북, 서울과 비서울의 부동산 가격 불평등을 심화시키고, 소득 양극화를 극대화 시킨 게 어느 정부였는지를요.

2-3
소득주도성장과 탈원전

1   도입 초기부터 우려 제기된 소득주도성장 정책
2   '소주성' 실패 책임 뒤집어 쓴 통계청장의 눈물
3   잇단 잡음에도 더 구체화하고 중장기 그림까지
4   다이애나비의 죽음과 세계화, '소주성'과 자동화
5   정권 내주자 민주당 강령에서도 빠진 '소주성'
6   원전사고 걱정 없는 나라 만들겠다더니, 외국에선?
7   곳곳에서 날라 오는 '탈원전 청구서'

1 도입 초기부터 우려 제기된 소득주도성장 정책

　　　　　　　　　　　문재인 전 대통령은 새정치민주연합의 지난 2015년 2·8 전당대회를 앞두고, 중앙 정치권에서는 처음으로 '포스트 케인스주의 경제학파'의 이론을 바탕으로 한 '소득주도 성장론'을 제시했습니다.

　제19대 대통령선거 더불어민주당 공약집 「나라를 나라답게」에 '주 52시간 근무제 도입'과 '2020년 시급 1만 원을 목표로 하는 최저임금 인상안'이라는 소득주도 성장 정책의 '핵심 두 축'을 적시했고요. 당선 직후 발족한 국정기획자문위원회를 통해 '5대 국정 목표'와 '20대 국정전략'에도 이 내용을 포함시켰습니다.

　문 전 대통령은 취임 이후 광복절 기념사·신년사·국회 시정 연설 등에서도 빼놓지 않고, '지속적으로 적극 추진할 것'을 강조했습니다. 명실상부 대표 정책이자 핵심정책이었던 것이죠.

　지난 2017년 12월에 진행된 각종 여론조사에서 '정부의 경제 정책(소득주도 성장)을 지지한다'는 응답은 60%를 상회했습니다. 하지만 최저임금 7530원 시대가 도래한 2018년 초부터 민심은 조금씩 변해갔습니다.

2018년 1월 매일경제에 보도된 여론조사 결과를 보면, 정부의 최저임금 인상과 근로시간 단축 정책 등에 대해 '시기상조로 속도 조절이 필요하다'는 응답이 51.9%로 나타났습니다. 반면 '시급한 과제고 적절한 속도다'라는 답변은 33.6%에 그쳤고요.

그로부터 한 달 뒤, 국회에서 주당 법정 근로시간을 현행 68시간에서 52시간으로 단축하는 내용을 담은 '근로기준법 개정안'이 통과되고, 하반기에 '2019년도 최저임금 인상률' 논의를 본격화한 이후 소득주도 성장 정책에 대한 지지율은 더 낮아졌습니다.

그런데 참 아이러니한 상황 아닙니까? 민주당은 2018년 6월 지방선거에서 전국적으로 압승을 거뒀습니다. 광역단체장은 대구와 경북만 내줬을 뿐 사실상 전 지역을 석권했고, 기초단체장의 경우도 민주당 후보가 '철옹성'과도 같았던 서울 강남구청장에 당선되기도 했습니다. 당시 국정운영의 주도권은 전적으로 민주당에 있었던 것이죠.

이런 상황에서 2018년 9월 에스티아이 여론조사 결과 '소득주도 성장 정책이 유지돼야 한다'는 응답이 44.7%였고, 국민일보 쿠키뉴스 의뢰로 진행된 조사에선 32.9%까지 떨어졌습니다. '정책을 수정해야 한다'는 응답은 57.9%였고요.

같은 달 '리얼미터' 여론조사에서는 '소득주도 성장 정책에 대한 부정평가'가 60.3%로 나타났습니다. 경향신문의 의뢰로 한국리서치가 조사한 결과에서도 '소득주도 성장 정책을 전면·일부 수정해야 한다'는 답변이 68%에 달했고요.

문 전 대통령 국정운영 지지율은 80%선에서 등락했음에도 특정 정책에 대한 부정평가가 60%를 넘은 것을 보면, 당시 민심이 '니 마음대로 다 해. 단, 소득주도 성장 정책만 빼고' 정도로 형성됐다고 볼 수 있었죠.

사실 주류 경제학자들은 애초부터 소득주도 성장 정책이 실패할 것이라고 예견했습니다. 정부가 시장에 개입해 저소득층의 소득을 인위적으로 높여주면 소비가 늘어나 경제성장을 유도할 수 있다는 전제 자체가 '비논리적非論理的'이라면서요. 최저임금 고율 인상이 소비 증대로 이어지는 선순환보다, 일자리 총량을 감소시키는 악순환을 초래할 것이라고 예견한 것이죠.

일시적 경기 진작이나 심리적 부양이면 모르겠지만, 생산력이 커지지 않는 가운데 임금만 올린다고 해서 지속 성장이 담보될 리 없다는 경고를 하면서요.

지난 1950년대 남미 지역 국가에서 반복적으로 시도했고, 그때마다 경제의 체질을 망가뜨린 주범으로 꼽혔는데도, "이해력이 떨어진다"며 도리어 우려하는 사람들에게 면박을 주는 상황이었습니다.

정권의 기대와 달리, 우려는 현실이 됐습니다. 실제로 소득주도 성장 정책 추진 이후, 한 해 20만~30만 명 선을 유지하던 취업자수 증가폭이 10만 명 수준으로 쪼그라들었습니다.

실업률은 계속 오르는데 저소득층의 소득은 급감했으며 소득 분배 상황이 더 나빠진 것에 대한 책임론은 커져갔고, 지금 여력이 떨어지는 중소기업과 자영업자들이 인건비 상승분을 감당하지 못해 '폐업廢業'하는 사례도 점차 늘어갔고요.

결국 소득주도 성장 정책의 설계자로 꼽혔던 홍장표 경제수석은 부임 1년도 안 된 시점에 물러날 수밖에 없는 상황이 됐습니다.

'자유주의自由主義의 아버지'라고 불리는 존 스튜어트 밀은 인류의 가장 큰 약점이 '검증되지 않은 신념信念에 자기 자신을 복속시키는 경향성傾向性'이라고 지적했는데요. 당시 여권에서 '자각의 시간'을 갖지 않은 탓에, 국가적으로 봤을 때 안타까운 상황의 연속이었던 것이죠. 다음 장에서 조금 더 살펴볼까요?

2 소주성 실패 책임 뒤집어 쓴 통계청장의 눈물

"고운 손아.
우리는 너로 말미암아 그만큼 못살게 되었고, 빼앗기고 살아왔다.
소녀의 손이 고운 건 미울 리 없지만,
전체 국민 1% 내외 저 특권지배층의 손을 보았는가.
고운 손은 우리의 적이다. 보드라운 손결이 얼마나 우리의 마음을 할퀴고,
살을 앗아간 것인가. 우리는 이제 그러한 정객에 대해 증오의 탄환을
발사해 주자. 영원히 그들이 우리를 부릴 기회를 다시는 주지 말자."

이 글을 읽고, 어떤 분이 쓴 글 같다는 생각이 드셨나요? 박정희 전 대통령은 지난 1963년 8월 30일 대장 계급으로 전역하고, 제5대 대선에서 민주공화당 후보로 출마해 민정당 윤보선 후보를 15

만 6026표 차이(1.55%)로 꺾고 승리했는데요.

위 문장은 박 전 대통령이 그해 대선을 한 달 보름 앞둔 시점에 출간한 저서『국가와 혁명과 나』가운데 한 토막입니다. 문체의 강건함으로 봤을 때, 사회개혁 성향이 강한 진보 진영의 누군가가 썼을 것이라는 생각이 드신 분도 있으셨을 테지만요.

당시 박 전 대통령은 부지런히 일 해야만 지독한 빈곤에서 벗어날 수 있는데, 힘든 일을 피하면서 무위도식하는 '고운 손'을 볼 때면 '증오의 탄환을 발사해 주고 싶은 생각'이 드셨나 봅니다.

'의외'라는 측면에서, 문재인 정부 핵심 관계자들도 '소득주도 성장 정책'을 힘 있게 추진하던 집권 초 통계 수치를 보고 비슷한 생각을 하셨을 것 같습니다.

통계청은 지난 2018년 5월 '가계동향 조사'에서 1분기 전국 가구 소득 하위 20% 소득이 전년 동기 대비 8.0% 감소하고, 상위 20% 소득은 9.3% 증가했다고 발표했습니다.

그로부터 두 달 뒤 발표한 2분기 가계동향 조사에서도 하위 20%의 소득은 전년 동기 대비 7.6% 감소하고, 상위 20%의 소득은 10.3% 증가한 것으로 나타났다고 밝혔습니다.

이는 '지난 2003년 통계 작성 이래 빈부격차가 최악으로 벌어졌다'는 취지의 결과로, 정부가 기대한 '반대 방향'으로 소위 '역효과'가 발생했다는 것을 뒷받침하는 핵심 자료가 됐던 셈입니다.

이 같은 내용을 담은 통계 조사가 발표되자, 당시 야당에선 문 대통령의 소득주도 성장 정책의 부작용을 나타내는 증거라며 집중 인용했습니다. 당시 황수경 통계청장은 문재인 정부가 들어선 직후(2017년 7월)에 임명된 만큼, 왜곡이나 일말의 '바이어스Bias'도 없을 것이라면서요.

그래서였을까요? 황 청장은 임명 13개월 만인 지난 2018년 8월 27일, 전격 경질돼 이임식 자리에 참석해야 했습니다. 물러나게 된 황 청장은 이 자리에서 "통계가 정치적 도구가 되지 않도록 심혈을 기울였다. 그것이 국가 통계에 대한 국민 신뢰를 얻는 올바른 길이었기 때문"이라고 밝혀 파장이 일었습니다.

그는 "통계청의 독립성·전문성을 최우선 가치로 삼고 중심을 잡으려고 노력해왔다"며 "국가 통계는 올바른 정책을 수립하고 평가함에 있어 기준이 돼야 한다"고도 했습니다. 통계청 관계자는 이임식장 분위기와 관련, "황 전 청장이 이임사를 읽는 내내 눈물을 흘렸다"고 전하기도 했죠.

황 전 청장은 '소득 통계 때문에 경질된 것인가'라는 기자들의 질문에 "내가 그렇게 말을 잘 들은 편은 아니었다"는 의미심장한 답변을 했습니다.

뒤이어 임명된 강신욱 신임 통계청장은 경제관계장관회의에 참석해 "장관님들의 정책에 좋은 통계를 만드는 것으로 보답하겠다"고 말해 논란을 증폭시켰습니다. 황 전 청장이 발표한 통계 수치로 인해 큰 상처를 입은 소득주도 성장 정책을, '좋은 통계'를 통해 이미지를 제고시켜보겠다는 취지로 읽혔기 때문입니다.

통계청 기록에 따르면 소득주도 성장 정책의 역효과가 나타난

2018년 5월 '1분기 가계동향 조사' 발표 직후, 홍장표 당시 경제수석이 발 빠르게 움직여 통계청에 비공개 자료를 '구두口頭'로 요청한 뒤 강신욱 보건사회연구소 연구실장에게 보냈습니다.

자료를 넘겨받은 강 실장 등은 즉시 '통계 재가공'에 착수해, 급격한 최저임금 인상으로 직격탄을 맞은 자영업자·실직자를 제외한 가운데 '새로운 수치'를 만들어 냈습니다. 이틀 만에 완성된 '재가공 보고서'는 바로 청와대에 보고된 것으로 파악됐고요.

그로부터 나흘 뒤 문재인 대통령은 국가재정전략회의에서 "소득주도 성장의 실패라거나 최저임금의 급격한 증가 때문이라는 진단이 성급하게 내려지고 있는데, 이에 대해 정부가 잘 대응하지 못하고 있다"며 "긍정적 효과가 90%"라고 주장했습니다. 이 발언 석 달 뒤 '강 실장'은 '강 청장'이 됐고요.

'정치적 상황'에 따라 '통계 수치'와 '그 의미'가 180도 달라진다면 그게 제대로 된 통계일 수가 있을까요? 정치적 중립성과 자율성을 갖춘 전문가를 임명해야 하는 자리에 정무적 판단을 더하는 기관장이 앉아 있으면, 그 기관을 신뢰할 수 있을까요?

윤석열 정부로 정권이 바뀐 뒤 수장이 바뀐 감사원은, 문재인 정부 당시 통계청장 교체 이후 '윗선의 압력'에 의해 소득 통계가 왜곡되고 조작됐는지 여부를 조사 중입니다.

당시 상황을 둘러싸고 최근에 돌아가는 모습을 보면서, "자유의 대가는 끝없는 경계(Eternal vigilance is the price of liberty)"라는 문구를 다시금 떠올리게 됐습니다.

3 잇단 잡음에도 더 구체화하고 중장기 그림까지

황수경 전 통계청장 경질 열흘 뒤 쯤인 지난 2018년 9월 6일, 소득주도 성장 특별위원회 현판식 행사가 있었습니다. 역사의 아이러니일 수도 있는데, 현판식은 훗날 윤석열 검찰총장이 대권 도전을 선언하며 사무실로 썼던 서울 종로구 이마빌딩 로비에서 진행됐습니다.

행사에는 특위 위원장인 홍장표 전 경제수석을 비롯해 장하성 청와대 비서실장과 차영환 경제정책비서관 등 정책 관련 청와대 핵심 참모들이 자리했고요. 김동연 경제부총리 겸 기획재정부 장관과 민주당 홍영표 원내대표, 정해구 정책기획위원장 등 당정청에서 정책과 예산을 다루는 최고위 인사들이 함께했습니다.

참석자 면면만 봐서는 '실패한 정책의 출구전략 마련' 분위기가 아니라, '인공호흡을 해서라도 무조건으로 살려내야 한다'는 뜻으로 읽혔습니다.

문재인 전 대통령은 현판식 행사 두 달 전쯤, "소득주도 성장 정책을 더욱 구체화하고 중장기적 밑그림을 탄탄하게 그리라"는 특명을 내렸는데요. 그 뜻에 따라 28명의 위원으로 구성된 특위가 만들어졌고, 현판식에 당시 여권의 기라성 같은 인사들이 총출동했던 것입니다.

특명을 이어 받은 홍장표 위원장은 행사 모두발언에서 "과거 한국경제를 이끌던 '수출 대기업의 낙수효과'에 의존한 경제성장 패러다임이 한계에 봉착했다"며 "소득주도 성장은 소득 분배를 개선하는 것으로 우리 경제가 반드시 가야할 길"이라고 강조했습니다.

사실상 소득주도 성장 정책으로 인해 현 정부 들어 '소득분배가 악화됐다'는 통계 수치가 발표되고, 잉크도 마르기 전이었을 시점에 이와 같은 주장을 또 다시 폈던 것이죠.

홍 위원장 발언 열흘 뒤쯤, 청와대는 2박3일 동안 평양에서 진행된 남북정상회담에 주요 대기업 총수들을 대동했습니다.

이재용 당시 삼성전자 부회장과 최태원 SK 회장, 구광모 LG 회장이 남북정상회담에 특별수행원 자격으로 동행했고, 현대그룹 현정은 회장과 최정우 포스코 회장, 박용만 대한상공회의소 회장, 손경식 한국경영자총협회 회장, 박성택 중소기업중앙회장 등도 평양에 함께 다녀왔습니다.

정의선 당시 현대자동차그룹 수석총괄부회장은 자동차 관세 문제 등의 주요 현안과 관련해 윌버 로스Wilbur Louis Ross Jr. 미국 상무장관 등과의 미팅이 잡혀, 그 대신 김용환 부회장이 방북 길에 올랐습니다. 소득주도 성장 특별위원회 현판식에 정부의 주요 정책 결정권자들이 총집결했던 것처럼, 대한민국의 주요 대기업 총수들이 '평양 남북정상회담'에 총집결한 셈입니다.

그 당시 청와대를 비롯한 여권의 논리대로라면, 대기업 중심의 '낙수효과(Trickle-down effect)'보다 소득주도 성장으로 인한 '분수효과(Fountain effect)'가 더욱 효과적일 텐데요. 주요 기업 총수들과 함께 간다는 것은, 사실상 자신들의 논리를 뒤엎고 대기업들의 집중 투자에 따른 '낙수효과'를 기대했던 것 아니겠습니까?

대기업이 앞장서야 남북 경협 파급효과가 커질 것이라는 '윗선의 판단'이 녹아있지 않고서는, 이런 상황 자체가 설명이 안 되기 때문이죠.

당시 남북정상회담 준비위원장을 맡았던 임종석 청와대 비서실장은 이런 시각을 의식한 듯, "기업인들 방북은 특별하지 않다. 과거 두 번 2000년, 2007년 회담 때도 대기업 총수들이 여러 경제인들과 함께 방북을 했었기 때문에 특별한 경우라고 생각하지 않는다"고 부연했습니다.

특별수행원들은 성격에 따라 다른 곳을 참관할 수 있다며, 현지 투자를 위한 별도의 스케줄을 소화하는 부분에 제한을 두지 않겠다는 언급도 있었습니다. 이는 앞서 민주당이 '적폐'라고 규정했던 일종의 '재벌 특혜'로 읽힐 수 있었는데, 이와 같은 말까지 전했던 것이죠.

그런데 더 큰 문제는 그 당시가 'UN의 대북 제재 조치'로 인해 남북 경협이 적극적 진행될 수 없었던 시기였다는 데 있습니다.

남북 정상회담 하루 전, 미국은 "회원국의 대북 제재 이행이 제대로 이루어지지 않고 있다"며 안전보장이사회 긴급회의를 소집하기도 했습니다. 그럼에도 주요 대기업 총수들과 굳이 평양을 방문했던 것입니다.

'2018 남북 정상회담' 한 달 뒤쯤, 소득주도 성장 특별위원회는 첫 토론회를 열었습니다. 당시 홍장표 위원장은 "우리나라에서 수출대기업의 낙수효과에 의존한 성장은 그 효력을 다 했다"며 "대기업과 중소기업의 기울어진 운동장을 바로 잡아야 한다. 소득주도 성장 특위는 공정거래위원회와 긴밀한 업무 협의를 해나가겠다"고 밝혔습니다.

한 달 전까지만 해도 청와대는 '대기업이 남북 경협의 핵심 동력'임을 자인하는 듯한 모습을 보였는데, 하루아침에 갑자기 '대기업은 불공정한 조직이기 때문에 관리 감독이 필요한 대상'으로 또다시 전락해버린 듯한 상황이 된 것이죠.

홍 위원장은 나아가 "여론조사에서 나타난 국민들의 뜻도 소득주도 성장 정책을 바꾸거나, 폐기하라는 것이 아니라, 제대로 해서 성과를 내달라는 것"이라며 "흔들림 없는 추진과 실질적 성과를 다짐한다"고 했습니다. 소득주도 성장 정책의 초석을 다지면서 세부 정책을 구체화하겠다는 언급도 했고요.

이랬던 홍 위원장은 3년 뒤쯤인 지난 2021년 10월 13일 국회 정무위원회 국정감사에 출석해, "소득주도 성장으로 인해 최저임금, 근로시간 단축과 관련한 부작용이 분명히 있었다는 것을 인정할 수밖에 없다"며 자세를 낮췄습니다.

    홍 위원장이 '소득주도 성장의 설계자'라고 불리는 데에는, "제가 설계했다고 하는 것은 너무 과장됐다. 정책과 관련된 내용을 구체적으로 설계하는 데 참여했다 정도가 맞을 것 같다"고 답하기도 했고요.

    홍 위원장 '저자세 발언' 3주 뒤쯤이었죠? 앞서 소득주도 성장 특위 현판식이 열렸던 이마빌딩에서 대권 도전 작업을 이어가던 윤석열 예비후보가, 국민의힘 대선 주자로 최종 선출됐습니다. 이 역시도 아이러니한 역사의 한 단면 아니겠습니까?

4 다이애나비의 죽음과 세계화, '소주성'과 자동화

이 이야기가 정말 사실인지는 확인해보지 못했는데요. '세계화를 가장 정확하게 정의해주는 사건은?'이라는 언론사 입사 문제에 대해 누군가가 '영국 다이애나비의 죽음' 관련 이야기로 답을 써내려가 회자된 적이 있다고 합니다.

"스코틀랜드산 위스키를 마시고 취해 있던 영국 왕세자비가 이집트인 남자친구와 함께, 벨기에인이 운전하는 네덜란드제 엔진을 단 독일 자동차를 타고 프랑스 터널을 지나다, 일본제 오토바이를 탄 이탈리아 파파라치에게 쫓겨 사고를 당한 뒤, 미국인 의사에게 브라질 약으로 치료받다 사망한 사건"이라고 답안을 작성했다면서요.

파파라치를 따돌리다 터널에서 발생한 불의의 교통사고가 '세계화世界化' 설명 소재로 쓰일 줄 누가 상상이나 했겠습니까?

'소득주도 성장 정책'도 이와 유사한 측면이 있습니다. 소득주도 성장 정책의 핵심축인 '주52시간 정책'과 급격한 '최저임금인상

정책'이 대한민국의 무인화無人化, 자동화自動化 기술을 앞당겼다는 이야기들이 심심치 않게 들리니 말입니다.

사회가 변화함에 따라 필연적으로 발생하는 사회 문제도, 이 지점에서 발생하는데요. 눈부신 기술의 발전은 세대 간의 적응력 차이를 더 벌려놓기도 하고, 세대 간의 갈등을 유발하는 요소로 작용하기도 합니다.

연세가 있으신 분들은 점차 생산현장 밖으로 밀려나고, 소위 2030세대들은 자동화, 무인화 흐름에 따라 일자리가 더 줄어들 수 있기 때문입니다. 지속가능한 건전 사회를 만들어가는 데 걸림돌로 작용할 수도 있는 것이죠.

이런 측면에서 일종의 비아냥일 수도 있는 '문재인 정부가 자동화와 무인화를 앞당겼고, 세대 간의 갈등을 부추겼다'는 이야기가 단순 우스갯소리로 들리지 않는 것이, 앞서 부동산 정책에서도 언급했지만 '의도치 않는 부작용'이라는 점에서는 일견 일리가 있어 보이기 때문입니다.

김종필 전 자민련 총재는 과거 DJ와의 공동정부에서 '내각제 개헌 약속'을 포기했던 상황을 회고하면서, "정치는 단념해야 하는 것을 단념하는 기술이 필요하다"고 했습니다. "더 큰 목표를 위해 '해서는 안 되는 것'은 깨끗하게 단념해야 한다"면서 말이죠.

'미국의 유일무이 4선 대통령' 프랭클린 루스벨트Franklin Delano Roosevelt 전 대통령의 14년 집권기간을 살펴보면, 임기 초반과 후반의 정치 행보가 크게 달랐습니다. 초반에는 대공항으로 고통받는 노동자, 흑인, 여성 등 소외세력을 위한 정책을 썼고요. 2차 세계대전이 벌어진 후반에는 대자본가, 군인세력, 보수적인 남부 정치세력과 손을 잡았습니다.

이 같은 모습을 두고 반대 세력에선 일관성 없는 '모순 통치'라고 비판했는데요. 이후 선거 결과로 나타난 국민들의 생각은 전혀 달랐습니다. 모순 통치가 아니라 '유연성 있는 국정운영'이라며 지지를 보냈던 것입니다.

문재인 전 대통령이 "퇴근길에는 시장에 들러 마주치는 사람들과 격의 없는 대화를 나누고, 때로는 광화문 광장에서 대토론회를 열겠다"던 당선 당시의 약속을 실제로 지켰다면 소득주도 성장 정책에 대해 그렇게 고집을 부릴 수 있었을까요?

소통이 부족한 것 아니냐는 기자들의 지적에, "기자회견만이 소통이라고 생각하지 않는다. 저는 어떤 대통령보다도 현장 방문을 많이 했다"고 답했던 그 사고방식이 바뀌지 않았다면, 격의 없는 자리가 마련됐다고 해도 제대로 된 소통은 이뤄지지 않았겠지요.

'최고 수준의 의전儀典'을 받아 현장을 둘러본 것과 민심 청취 및 갈등해소를 위한 '격의 없는 소통의 자리'를 동일시한다면 말이죠.

5 정권 내주자 민주당 강령에서도 빠진 '소주성'

문재인 정부 시절 아무리 안 좋은 경제 지표가 나오더라도 '금이야 옥이야' 대접 받던 '소득주도 성장 정책'도 모진 세월의 풍파까지는 견뎌내지 못했습니다. 신앙과도 같았던 '1가구 1주택'의 신념도 마찬가지였고요. 그야말로 '권불오년權不五年' 신세였습니다.

윤석열 정부로 정권이 교체된 지 5개월 만에 민주당 비상대책위원회는 당 강령에서 '소득주도 성장', '1가구 1주택' 원칙을 삭제했습니다. 지난 2022년 8월 16일, 민주당 대변인은 "강령 개정안을 의결했다"고 밝혔습니다.

안규백 의원도 같은 날 YTN 라디오 인터뷰에서 "동료 의원들의 의견을 듣는 설문조사를 두 번 실시했다"며 "'소득주도 성장'을 '포용성장'으로 개정할 필요성에 관해 93.2%의 동의를 받았다"고 전했습니다.

'1가구 1주택'이라는 표현을 고친 데 대해서도 "과반 찬성이 있었기 때문에 '실거주·실수요자'라는 표현으로 바꿨다"고 했습니다. 이에 민주당이 사실상 '소득주도 성장의 실패를 인정한 것'이라는 해석과 함께, 문재인 정부의 색깔을 지우고 '이재명 체제로의 전환'을 준비한다는 해석까지 제기됐습니다.

당 내부에서 "소득주도 성장은 실패했다고 생각한다. 성장도 분배도 안 됐다"며 "과거 집권 여당 시기에 만들어진 강령인 만큼 일부 수정할 생각"이라는 언급도 나왔고요.

민주당의 이 같은 움직임에 대해 문재인 전 대통령은 엿새 뒤 자신의 SNS에 아쉬움을 토로했습니다. 그는 "단기간의 충격을 감수하면서 장기적인 효과를 도모한 정책이었는데, 예상 범위 안에 있었던 2018년 고용시장 충격을 들어 실패 또는 실수라고 단정한 것은 정책 평가로서는 매우 아쉽다"고 했습니다.

그러면서 "언젠가 장기적인 통계자료를 가지고 긴 안목의 정책 평가가 이루어지기를 기대한다"고 덧붙였죠.

민주당 의원 93.2%가 '소주성 삭제'를 의미하는 '강령 개정'에 동의한 부분에 문 전 대통령이 많이 서운하셨을 듯한데요. 집권기에 당내에서 별다른 이견이 나오지 않는 등 사실상 임기 내내 '무소불위無所不爲'의 권력을 행사하던 대통령이었기 때문이죠.

가왕 조용필 선생님의 '허공虛空, 1985'이 문득 떠오르셨을 수도 있겠다는 생각이 들었고요.

꿈이었다고 생각하기엔 너무나도 아쉬움 남아
가슴 태우며 기다리기엔 너무나도 멀어진 그대
사랑했던 마음도 미워했던 마음도
허공 속에 묻어야만 될 슬픈 옛 이야기
스쳐버린 그날들 잊어야할 그날들 허공 속에 묻힐 그 날들

정권 내주자 민주당 강령에서도 빠진 '소주성'

6 원전사고 걱정 없는 나라 만들겠다더니, 외국에선?

민주당의 제19대 대선 정책 공약집 「나라를 나라답게」 259~260페이지를 보면, 이른바 '탈원전 관련 정책 추진'에의 강한 의지가 느껴집니다. 259페이지 큰 제목이 "원전 정책을 전면 재검토하겠습니다"인 것을 보면 말이죠.

260페이지도 "원전사고 걱정 없는 나라로 만들겠습니다"인데, 이 같은 제목을 통해 전하는 메시지는 아마도 '앞선 정부까지는 원전사고 걱정이 있는 나라였다'는 취지의 '부정적 인식 전파'라는 생각이 들었습니다.

전체적으로 문제가 있다고 판단했으니 '전면 재검토'를 약속했을 것이고, 걱정되는 부분이 있기 때문에 '걱정없는 나라'를 만들겠다고 했을 테니까요.

문재인 전 대통령은 취임 40일이 지난 지난 2017년 6월 19일, 부산 기장군 장안읍 해안에 있는 고리원전 고리1호기 영구정지 선포식에 참석해 "안전한 대한민국으로 가는 대전환"이라며 "국민의 생명과 안전, 건강을 위협하는 요인들을 제거해야 한다"고 강조했습니다.

그러면서 "가능성이 아주 낮지만 혹시라도 원전 사고가 발생한다면 상상할 수 없는 피해로 이어질 수 있다"며 "원전과 함께 석탄화력 발전을 줄이고 천연가스 발전설비 가동률을 늘려가겠다"고 선언했습니다.

문재인 정부의 '탈원전 행보'는 그 이후에도 계속 이어졌습니다. 당초 운영 기간 연장을 추진했던 월성 1호기는, 예정보다 3년 앞선 지난 2019년 12월 영구정지를 결정했습니다. 7000억 원을 들여 설비를 교체하고 재가동에 들어간 상태였음에도 말이죠.

공정률工程率이 28%를 넘어섰던 신고리 5·6호기도 공론화로 시간을 끌어 1000억 원 손실을 냈고, 부지 조성이 진행되던 신한울 3·4호기는 건설 자체를 취소했습니다. 또 경북 영덕과 강원 삼척에 지으려던 천지 1·2호기와 대진 1·2호기 건설도 백지화했고요.

2023년부터 운영허가가 끝나는 고리 2호기를 비롯해 원전 10기는 더 오래 가동할 수 있었지만 '연장 운전을 금지'했습니다. 정권 5년 내내 재론의 여지가 없을 정도로 탈원전 정책을 전방위적으로 추진했던 것입니다.

그런데 이런 상황 속에서 문 전 대통령은 해외에 나가선 이른바 '원전 세일즈'를 했습니다. 산업통상자원부가 지난 2022년 1월 9일 국회에 제출한 자료에 따르면, 산업부는 그동안 문 전 대통령의 해외 원전 세일즈를 위해 '한국「원전의 경쟁력」'이라는 자료를 만들어 청와대에 보고했는데요.

그 자료에는 '세계 최고 수준의 안전성'도 명시돼 있던 것으로 파악됐습니다. '유럽과 미국원자력규제위원회의 설계 인증 취득' 등을 거쳤기 때문에 안전하다는 취지의 내용이 담겨 있었습니다.

실제로 문 전 대통령은 지난 2021년 11월 4일 헝가리를 방문해, "한국은 세계 최고 수준의 경제성과 안전성을 바탕으로 40여 년 간 원전을 건설·운영해왔다"고 강조하기도 했습니다. '한국 원전의 경쟁력'이라는 문건에 담겨 있던 것으로 알려진 내용과 유사하게 말이죠.

문 전 대통령은 재임 기간 동안 세계 10개국을 13차례 방문하면서 대한민국 원전을 세일즈 했는데, 제대로 된 계약은 사실상 수주하지 못했습니다. 지난 2022년 초 한국수력원자력이 이집트 엘다바 원전 건설 사업을 수주했지만, 그 역시도 러시아가 전체 36조 원이 넘는 공사를 수주한 가운데 1조원 규모의 부속 시설 건설 단독 협상자에 선정됐을 뿐입니다.

자국에서는 대선 당시 공약대로 '원전 정책을 전면 재검토'하면서 '원전사고 걱정 없는 안전한 대한민국'을 만들고 있는데, 해외에 나가 우리 '원전 기술이 최고'라고 갈 지之자 행보를 하면 어느 누가 우리에게 선뜻 돈을 지불하고 원전공사를 맡기겠습니까?

애초에 국내에서 탈원전을 추진하는 것과 별개로 수출로 원전 기술과 인력을 유지할 수 있다는 판단이 잘못된 것이죠.

전국시대戰國時代 초나라에서 있었던 일로 구전되는데요. 당시 초나라의 한 상인이 시장에서 창矛과 방패盾를 팔고 있었습니다. 그는 가지고 온 방패를 들고 큰 소리로 외쳤죠. "이 방패는 아주 견고해 그 어떤 창도 막아낼 수 있습니다".

그리고는 다시 창을 세일즈합니다. "여기 이 창을 보십시오. 이것의 예리함은 천하天下 일품一品, 어떤 방패라도 단번에 뚫어 버립니다"라고 말이죠.

그러자 구경꾼들이 "그 예리하기 짝이 없는 창으로, 그 견고하기 짝이 없는 방패를 한 번 찔러보시오. 도대체 어찌 되는 건지 궁금한데 말이네"라고 했다지요?

DJ는 "정치인으로 훌륭하게 성공하려면 다른 분야도 그렇지만 서생적 문제의식과 상인적 현실 감각을 가져야 한다"고 이야기 했는데요. 그 '현실감각'이 초나라에서 창과 방패를 팔던 상인과 비슷한 수준이라면 큰 성공을 거두기는 어려울 것입니다.

7 곳곳에서 날아오는 '탈원전 청구서'

지난 2023년 5월 21일, 문재인 정부에서 5년 간 이뤄진 소위 '탈원전 정책'으로 인한 '추가 비용'이 수십 조 원에 달할 것이라는 연구 결과가 나왔습니다.

탈원전 정책을 시작한 지난 2017년부터 오는 2030년까지 발생할 비용이 총 47조 원을 넘어설 것으로 예측됐습니다.

서울대 원자력정책센터는 이른바 '탈원전 비용' 추산을 위해 '2017~2022년 발생비용'과 '2023~2030년 발생예상비용'으로 시점을 구분한 뒤, '원전용량 감소', '목표 대비 이용률 저하', '계속운전 절차 지연에 의한 운영기간 감소' 등 세 가지 요인으로 구분해 총 비용을 계산했는데요.

'탈원전 비용 추정 결과 보고서'를 통해, 문재인 정부 5년 간 '탈원전 비용'으로 이미 22조 9000억 원이 발생했고, 이에 따른 파급효과로 인해 2030년까지 예상되는 추가 비용은 모두 24조 5000억 원에 달할 것으로 추정된다고 밝혔습니다.

이는 문재인 정권 당시 건설 중인 원전 공사가 중지되거나 신규 원전 건설 계획이 백지화되고, 월성 1호기를 조기 폐쇄하는 등 일련의 '탈원전 정책에 따른 조치'를 비용으로 계산한 결과입니다. 여권에서는 이를 이른바 '탈원전 청구서'라고 표현했고요.

국회 입법조사처도 2023년 3월 '탈원전 정책에 따른 전력구매비 상승 분석' 보고서에서, 한국전력공사가 지난 2018년부터 2022년까지의 탈원전 정책으로 인해 '전력 구매'에 들어간 누적 추가비용이 25조 8088억원에 달할 것으로 분석했습니다.

이들 자료를 놓고 보면, '탈원전 청구서'는 결국 22조 9000억 원에서 25조 8000억 원의 어디쯤으로 보여지는데요.

앞으로가 더 큰 문제입니다. 2023년부터 2030년까지 향후 8년간 25조 원에 달하는 추가 비용이 발생할 것으로 예상되기 때문이죠. 혹시라도 러시아의 우크라이나 침공에 따른 전쟁이 장기화될 경우 비용은 더 늘어날 수 있어, 염려는 더욱 커지고 있습니다.

국민의힘 김기현 대표는 2023년 6월 15일 "문재인 정부의 신재생에너지 사업 비리가 양파 껍질처럼 까도까도 끝이 없다. 탈원전 사업 본질은 사실상 청와대와 산업부, 태양광 업체 사이의 이권 카르텔이었음이 밝혀지고 있다"고 주장했습니다. 소위 文 정부 차원에서 추진한 탈원전 정책에 '저의底意'가 있었다는 것이죠.

김 대표는 그 이틀 전에 있었던 감사원의 '태양광 비리 감사 결과' 등을 언급하면서 "백운규 전 산업통상자원부 장관은 월성원전 1호기를 2년 반 더 가동하는 게 바람직하다는 담당과장에게 '너 죽

을래?'라며 윽박질러 경제성 평가를 조작하게 했다"고도 했죠.

사람들마다 '액수'에 대한 이견과 지난 정부의 '저의'에 대한 판단은 다를 수 있는데요. '탈원전 청구서'가 천문학적인 액수에 달할 것이라는 추측에는 대부분 동의하는 분위기입니다.

그렇기 때문에 "충정은 이해하나 시기와 방법에 문제가 있다"고 했던 JP의 명문名文이 떠올려지는 이런 상황이 더 아쉽고 씁쓸할 따름입니다.

2-4
내 편 챙기며 장기집권 꿈꾸다

1   "국회에서 무슨 얘기 듣겠냐"던 대법원장
2   위법한 블랙리스트, 적법한 체크리스트
3   '피해호소인' 입장문 발표 마저도 반대 취지
4   "보궐선거 838억 원, 성인지 감수성 학습비"
5   '지소미아' 파동과 '갓끈전략'
6   "세상 바뀐 것 확실히 느끼도록 갚겠다"
7   대선 끝났는데도 멈추지 않는 '알박기'
8   사상누각된 文 대통령의 15년 집권

1 "국회에서 무슨 얘기 듣겠냐"던 대법원장

지난 2020년 임성근 당시 부산고등법원 부장판사는 이른바 '사법농단' 의혹이 불거진 이후, 수차례 사의를 표명했던 것으로 알려져 있습니다. 그 해 4월과 5월, 8월과 12월 등 도합 네 차례 의사를 밝혔는데, 당시 김명수 대법원장은 이를 모두 거절했습니다.

김 대법원장은 "사표 수리 제출의 법률적인 것은 차치하고, 나로서는 여러 영향이랄까 뭐 그걸 생각해야한다"며 "그 중에는 정치적인 상황도 살펴야 된다"면서요.

그는 "지금 상황을 잘 보고, 더 툭 까놓고 이야기해서 지금 뭐 국회가 (임 판사를) 탄핵하자고 저렇게 설치고 있는데, 내가 사표 수리했다 하면 국회에서 무슨 얘기를 듣겠냐 말이야"라는 말까지 했습니다.

김 대법원장이 이와 같은 취지로 이야기했다는 것이 뒤늦게 알려졌는데, 김 대법원장은 이를 부인하다 녹취록이 공개되면서 더 큰 망신을 당하게 됐습니다.

대법관 후보자를 제청하고 헌법재판관 후보자 지명권과 각급 판사 보직권을 가지며, 중앙선거관리위원 지명권과 사법 행정권마저 쥐고 있는 등 '3권 분립三權分立'의 핵심 기둥 역할을 해야 하는 대법원장The chief justice of the Supreme Court이 국회의 눈치를 심하게 봤다면서 말이죠.

김 대법원장이 '국회 눈치'를 과도하게 본 결과, 임 전 판사에 대한 탄핵소추안은 지난 2021년 7월 4일, 재석의원 288명 가운데 179명 찬성으로 가결됐습니다. 결국 집권 여당의 뜻대로 되자, 야당인 국민의힘에서는 "이것이야 말로 사법 농단"이라며 강하게 비판하기도 했습니다.

법원의 '의원면직 제한에 관한 예규'에 따르면, 법관은 징계위원회에 징계청구가 되거나 수사기관의 수사를 받는 경우, 혹은 법원 내부 감사담당 부서에서 비위 관련 조사를 받는 경우에는 의원면직 처리가 허용되지 않습니다.

하지만 임 전 판사는 사표 제출 당시 이미 '견책' 징계를 받은 상태였고 1심에서도 무죄를 선고받아 의원면직이 가능한 상태였다며, 법조계 일각에선 '사표 수리를 안 한 것은 일종의 직권남용職權濫用'이라는 목소리도 전해졌습니다.

입법과 행정에 비해 '보다 일관된 기준'을 가진 것으로 평가 받는, 이른바 '최후의 보루堡壘'인 사법부가 어디까지 추락할 수 있는지를 보여줬던 일대의 사건이기도 했는데요. 사실상 사법부가 입법부 '입맛'에 맞게 처신했다는 것을 증명한 구체적 사례(녹취록)까지 공개되면서, 사법부에 대한 불신은 더욱 커져갔습니다.

법원은 판사 스스로는 물론이고 권력의 외풍에도 흔들림 없이 오로지 '법과 원칙'에 따라 판결해야 하는데, '법관의 성향'에 따라 판결문이 널뛰고 유무죄가 뒤바뀌는 촌극寸劇까지 목도했으니 '절대적인 신뢰와 믿음'을 받기가 더더욱 어려워진 것이죠.

'깨끗한 석판', '백지白紙'라는 의미의 라틴어 '타불라 라사Tabula Rasa'는 존 로크John Locke 덕분에 알게 됐는데요. 그는 "인간은 선천적으로 어떤 생각이나 관념을 머릿속에 지니고 태어나는 것이 아니라 백지처럼 아무것도 갖추지 않은 상태에서 태어난다"고 했습니다. 경험을 통해서만 사고할 수 있다면서요.

로크의 가르침을 염두에 두고 생각해보면, 도대체 김 대법원장이 어떤 경험을 했기에 날개없이 추락하는 모습을 보였던 것일까요?

배는 항구에 있기 위해 만들어진 것이 아니라, '망망대해茫茫大海'를 흔들림 없이 항해할 수 있도록 만들어졌죠. 그 어떤 풍파에도 흔들림 없이 헤쳐나갈 수 있도록 말이죠.

과연 2023년 9월, 항해를 리드할 '조타수操舵手'인 대법원장이 바뀌면 사법부가 '추락한 신뢰'를 회복할 수 있을까요?

2 위법한 블랙리스트, 적법한 체크리스트

지난 2019년 3월 22일, 청와대 김의겸 대변인은 검찰이 김은경 전 환경부 장관에 대해 '직권남용 권리행사 방해 혐의'를 적용해 사전 구속영장을 청구하자, "장관의 인사권과 감찰권이 어디까지 허용되는지 법원의 판단을 지켜보겠다. 과거 정부의 사례와 비교해 균형 있는 결정이 내려지리라 기대한다"는 내용의 문자메시지를 출입기자들에게 보냈습니다.

김 대변인은 그로부터 한 달 전쯤에는, "환경부의 일부 산하기관에 대한 감사는 적법한 감독권 행사"라며 "산하 공공기관 관리·감독 차원에서 작성된 각종 문서는 통상 업무의 일환으로 진행해 온 체크리스트"라는 내용의 문자를 보내기도 했습니다.

여당인 민주당에서도 "대통령이나 장관이 임명권을 갖고 한 합법적 행위다. 과거 정부의 '불법적 블랙리스트'와 다르다는 것을 다시 한 번 분명히 밝힌다. 환경부 문건은 블랙리스트가 아닌 합법적 체크리스트"(홍영표 당시 원내대표), "환경부 블랙리스트가 아니라 정상적인 업무 체크리스트라고 말해야 한다"(박광온 당시 최고위원)라고 주장하는 등 당청이 한 목소리를 냈습니다.

그런데 당시 문재인 정부의 청와대와 민주당에서는 왜 '블랙리스트blacklist'라는 표현에 이처럼 극도의 알레르기성 반응을 보였을까요?

일종의 '요주 인물 명단'을 뜻하는 '블랙리스트'는 박근혜 정부를 무너뜨리는 핵심 소재였고 '반 박근혜 전선'의 주요 공격 포인트였기 때문에, 차마 자신들의 행위에 대해 그런 식으로 표현할 수는 없었을 것입니다.

문재인 전 대통령 역시도 민주당 대표시절이었던 지난 2016년 10월 12일, 자신의 페이스북을 통해 "(블랙리스트 작성은) 부끄럽고 미련한 짓"이라고 비판했습니다. "정치검열을 위한 문화예술계 블랙리스트의 실체가 밝혀졌다"며 "지금이라도 진실을 밝히고 관련자들을 문책해야 합니다"라고도 썼고요.

그렇다면 민주당 측에서 문책을 촉구했던 당시의 블랙리스트와 적법한 감독권 행사라고 주장한 체크리스트는 어떤 차이가 있고, 압박 강도는 어떻게 달랐을까요?

'블랙리스트 사건' 관련 형법상의 혐의는 '직권남용죄'와 '강요죄'였습니다. 그런데 이 사건 공소장을 보면, 당시 청와대의 지시에 공무원들이 휘둘린 정황은 적시되지 않았습니다.

도리어 김기춘 실장이 "정부에 비판적 활동을 한 문화예술인들에 대한 지원을 배제하라"고 지시하자, 유진룡 문화체육부 장관은

2-4장 내편 챙기며 장기집권 꿈꾸다

138

"반대하는 사람들을 포용하지 않으면 장관 자리에 있는 의미가 없다"고 고언苦言한 내용이 나옵니다.

반면 '환경부 사건' 공소장에는, 김은경 전 장관과 신미숙 전 청와대 균형인사비서관 등은 한국환경공단 등 환경부 산하기관 6곳의 기관장과 임원을 교체하려고 했다는 내용이 나옵니다.

신 전 비서관은 문재인 정부 출범 두 달 뒤인 지난 2017년 7월경 환경부 측에, "산하 공공기관 임원들 중 자유한국당 출신 인사, 박근혜 정부 청와대에서 추천한 인사 등을 우선 교체 대상자로 선정하라"고 전달하자, 환경부는 산하 기관 임원들의 임명 경위와 당적 등의 경력을 확인해 14명을 교체 대상자로 선정했다는 내용이 나옵니다. 김 전 장관이 담당 과장에게 '임원 교체 계획을 구체적으로 수립해 청와대에 보고하도록 지시했다'는 내용도 담겨 있고요.

환경부는 결국 교체 대상 인사들에게 사표 낼 것을 종용했고, 이 과정에서 일부 인사가 거부하자 감사담당관에게 사퇴를 거부한 임원들에 대한 감사를 지시했다는 언급도 있습니다. 그리고 결국 사표를 받아냈다는 내용까지 적시돼 있습니다.

심지어 이와 관련한 상황을 주기적으로 청와대에 보고했고, 정권 차원에서 염두에 둔 '내정자'가 서류 전형에서 탈락하자 서류 합격자 7명을 모두 불합격 처리하고 담당 국장을 '징계성 전보 조치'한 정황도 쓰여 있었고요.

즉, 박근혜 정부의 블랙리스트 관련 논의 상황과 문재인 정부의 체크리스트를 둘러싼 상황은 꽤나 달랐음을 알 수 있습니다. 이런 상황에서 청와대가 "장관의 인사권과 감찰권이 어디까지 허용되는지 법원의 판단을 지켜보겠다"고 논평한 부분에 대해, 야당에서는 "수사 가이드라인에 이어 재판 가이드라인까지 주는 것이냐"며 강하게 비판했습니다.

당시 자유한국당은 "지난 정부를 그리도 비판하더니, 비교도 안 되는 더 큰 범죄를 대담하게 저질렀다"며 "과거 정부와 완전히 다른 '한 번도 경험하지 못했던 나라'를 만들겠다고 했지만 결국 공염불이었다"고도 했습니다.

문재인 정부에선 잘못된 부분에 대한 진솔한 사과와 반성보다, '내로남불성 조어'를 적잖이 만들어낸 듯한데요. 국민들은 시간이 걸리더라도, 그 과오에 대해 반드시 책임을 물어왔습니다.

비록 2020년 총선은 건너뛰었지만, 2021년 4월 보궐선거 이후 모든 선거 결과에 죽 영향을 미쳤으니까요.

3 '피해호소인' 입장문 마저도 반대 취지

그 사이 사과를 하신 분도 계시고, 또 다른 2차 피해가 야기될 가능성도 있기 때문에 실명은 거론하지 않겠습니다. 다만 그 당시 민주당 주류에서 어떤 잘못을 했고, 그 결과가 어찌했는지에 대해서는 잠깐 서술해볼까 합니다.

TV조선이 입수했던 지난 2020년 7월 14일 민주당 여성의원들이 주고받은 '단체 대화방' 녹취록을 보면, 막강한 권력을 지닌 분들의 오만함이 느껴졌습니다. 고(故) 박원순 전 서울시장의 '위력 성폭력 사건' 피해자 분에 대한 사과와 진상 규명 등의 내용을 담으려 했던 '단체 입장문' 의견 수렴 과정에서요.

당시 민주당 여성 의원들의 면면을 살펴보면 최초의 여성 국회부의장, 전직 여성가족부 장관, 여성단체 출신 중진 정치인, 국회 여성가족위원회 위원장, 전직 여성 몫 최고위원, 입장문 발표 한 달 뒤 여성 몫 최고위원에 오른 의원, 전 성고문 사건 피해자 등 이른바 '여성'이라는 타이틀로 정치적 무게감을 더해온 분들이 총 망라됐는데요.

결국 조건이나 수식어를 붙이지 않은 '깔끔한 사과' 한 마디 하는 결정은 끝내 해내지 못했습니다. 같은 여성인데도 그게 그렇게 어려웠을까요?

하다못해 '피해호소인'이라는 명칭에 대해서도 우려하는 목소리가 나왔습니다. "아직 정확한 판단이 내려지지 않은 상황에서 피해자로 규정하는 것은 이른감이 있다"며 "한 쪽의 주장만 들은 상황에서 입장문을 낸다는 것은 그쪽의 주장을 모두 진실로 받아들이겠다는 의미일 텐데, 그럴만한 정황 증거 혹은 확인이 다 끝난 것인지 궁금하다"는 의견도 제기됐습니다. 심지어 '가해 지목인'이라는 표현도 등장했으니 정말 말 다했지요..

사건의 실체적 진실을 모르는 가운데 그런 논의가 오갔다 치더라도, 극단적 선택을 하기 직전까지 박 전 시장의 심경 변화를 살펴보면 '혐의 부인 → 고백 → 대응 시도 → 포기'라는 일련의 절차를 거칩니다. 이런 심경 변화 과정이 알려졌음에도, 그와 같은 결정을 내렸던 것입니다.

'박 전 시장의 위력 성폭력 사건'이 드러나기 8개월 전쯤이었죠? 문재인 정부는 '사라지는 성폭력, 살아나는 인권 존중'이라는 슬로건을 내걸고, 지난 2019년 11월 25일부터 일주일 동안 '제1회 여성폭력 추방 주간'으로 지정했습니다. 그랬던 정부에서 그처럼 무시무시한 말들을 주고받았던 것입니다.

지하에 있는 물을 끌어올리기 위해서는, 한 바가지의 마중물이 필요합니다. 그런데 한 바가지의 물조차 없는 상태라면, 기근을 해소하기 더더욱 어렵겠지요. 당시 민주당에서는 '세컨드 찬스 second chance'를 만들기 위한 최소한의 양심인 '물 한 바가지'도 없었던 셈이었습니다.

결국 참다 못한 '위력 성폭력 피해자'가 2021년 4·7 서울·부산시장 보궐선거를 앞두고 큰 목소리로 민주당을 비판했습니다. 책임 있는 분들의 직접적 사과와 함께 2차 피해 등을 야기시킨 '논란 발언' 당사자 처벌, 재발방지 약속 등을 요구했지만 안타깝게도 민주당은 그와 같은 요구를 시원하게 받아들이지 않았습니다.

여기에 'LH 사태'까지 더해져, 선거 결과는 굳이 개표함을 열어보지 않고서도 투표 이전부터 짐작 가능한 상황이 됐습니다. 애초에 민주당 소속 광역단체장들의 잇단 '성비위 사건'으로 인해 보궐선거가 치러지게 됐으니, 사전 결과 예측이 어렵지 않았던 것이죠.

같은 노끈으로도 '남을 해치는 올가미'를 짜는 사람이 있는가 하면, 절망에 빠진 '누군가를 구해내는 그물'을 만드는 사람도 있습니다. 같은 음식을 먹고도 젖소는 우유를 만들에 내는 데 반해, 뱀은 사람을 죽이는 독을 만들지 않습니까?

독일 태생의 세계적 물리학자인 아인슈타인 Albert Einstein은 "정치는 물리학 보다 훨씬 더 복잡하다"고 했는데요. 복잡할 게 뭐 있습니까? 어떤 위기가 닥치든, '정직이 최선의 방책 Honesty is the best policy'임을 명심하면 해결의 실마리를 찾을 수 있을 텐데요.

'피해호소인' 입장문 발표 마저도 반대 취지

4 "보궐선거 838억 원, 성인지 감수성 학습비"

지난 2020년 11월 5일, 당시 이정옥 여성가족부 장관은 국회 예산결산특별위원회 종합정책질의에 출석했는데요.

이 장관은 '내년 4월 서울·부산시장 보궐선거가 성폭력 사건 피해자나 여성에게 미칠 영향' 등을 묻는 질문에, "국민 전체가 성인지 감수성에 대해 집단 학습을 할 수 있는 기회가 된다고 생각한다"고 말해 큰 논란이 일었습니다. 그 과정을 살펴보면요.

질의에 나선 국민의힘 윤주경 의원은 "(두 선거를 유발한 사건은) 공직사회라는 폐쇄적 조직에서 최고 지위에 있는 남성이 업무 위계상 가장 약한 지점에 있는 여성 직원에게 저지른 일"이라며 "(이 때문에 유발된 보궐선거에) 국민 세금이 838억 원이 쓰이게 된 것"이라고 지적했습니다.

그러면서 "이 838억 원이나 드는 선거가 피해자나 여성에겐 어떤 영향을 미칠지 생각해 본 것이 있느냐"고 물었습니다.

그러자 이 전 장관은 "이렇게 굉장히 큰 예산이 소요되는 사건을 통해서 국민 전체가 성인지 감수성에 대한 집단 학습을 할 수 있는 기회가 역으로 된다고 생각한다"고 답했습니다.

이에 윤 의원이 "학습비라는 것이냐"고 재차 묻자, 이 장관은 "그건 아니지만 국가를 위해 긍정적인 면을 찾으려는 것"이라고 했습니다. 그러자 윤 의원은 "박원순·오거돈 사건이 전형적인 권력형 성범죄냐, 아니냐"라고 물었고, 이 장관은 "수사 중인 사건의 죄명을 명시하는 건 적절치 않다"며 끝내 답하지 않았습니다.

윤 의원이 "여가부 장관이 간단하고 기본적인 성인지 감수성에 대한 질문에도 답변을 못 하는가"라고 비판해도, 이 장관은 "성폭력 피해가 정쟁화되는 것은 피해자에게 도움이 되지 않는다"고 또다시 비켜갔습니다.

이와 같은 답변을 두고 국민의힘은 물론이고 정의당에서도 "권력형 성범죄가 초래한 보궐선거를 두고 여가부 장관이 사실상 두둔에 가까운 궤변을 하고 있다"며 "여가부 장관이 심기를 살펴야 하는 것은 집권여당이 아니라 피해 여성과 성폭력 위험에 노출된 대한민국 여성들"이라고 목소리를 높이기도 했습니다.

당시 이 같은 여가부 장관의 궤변詭辯에 대해 '오거돈 성폭력 사건' 피해자 A씨는 "어떻게 내 인생을 수단 취급할 수 있나? 오거돈 사건이 집단 학습 기회면, 나는 학습교재냐. 주변에 피해 주기 싫어서 악착같이 멀쩡한 척 하며 꾸역꾸역 살고 있는데 저 소리를 듣고 오늘 또 무너졌다"며 2차 피해를 호소했습니다.

"보궐선거 838억 원, 성인지 감수성 학습비"

성폭력 피해 여성을 최우선적으로 보호해야 하는 여성가족부 장관이 국회에서 공공연하게 '2차 가해'를 했으니, "본분은 잊은 채 정권 눈치나 보는 조직은 해체하는 것이 마땅하다"는 지적을 받게 되는 것 아니겠습니까? 그야말로 존재 그 자체가 민폐였던 것이죠.

5 '지소미아' 파동과 '갓끈전략'

　　　　　　　　　　이른바 '갓끈전략'은 '대한민국이 미국과 일본이라는 두 개의 갓끈에 의해 체제가 유지되고 있고, 이 중에 갓끈을 하나만 잘라내도 갓이 하늘 위로 날아가듯 무너질 것'이라는 내용을 담은 북한의 핵심 대남전략 가운데 하나입니다. 쉽게 말하면, 대남 적화통일赤化統一을 위해 '한미일 3각 공조'를 무너뜨려야만 한다는 것이죠.

　이 같은 전략은 북한에서 김일성종합대학 총장·조선노동당 중앙위원회 사상비서와 11년간 최고인민회의 상설회의 의장으로 재직하며 주체사상을 확립하다 '탈북'해 대한민국으로 망명한 고(故) 황장엽 선생님에 의해 공개됐습니다.

　황 선생님은 각종 인터뷰에서, "지난 1972년 북한의 김일성이 '김일성대 졸업식'에서 '남조선은 미국과 일본이라는 두 개의 끈에 의해 유지되는 갓과 같다. 미국이라는 끈과 일본이라는 끈 중에 어느 하나만 끊어지게 하면, 결국 남조선은 무너진다'고 주장했다"고

전했습니다.

그런데 이 '갓끈전략'을 황 선생님 사망 9년 뒤, 문재인 정부의 청와대를 출입하면서 또 다시 듣게 될 줄은 몰랐습니다. 구체적으로는 한일 군사정보보호협정(GSOMIA, 이하 지소미아) 파기 논란이 일었을 당시에요.

박근혜 정부 때인 지난 2016년 11월 23일이었죠? 한국과 일본은 군사정보 직접 공유를 위해 '지소미아'를 체결했습니다. 이 협정은 군사정보의 전달·보관·파기·복제·공개 등에 관한 절차를 규정하는 21개 조항으로 구성됐는데요. 일본은 우리가 군사정보보호협정 또는 약정을 체결한 33번째 국가로, 정부가 일본과의 군사협정을 체결한 것은 이 때가 처음이었습니다.

협정문에 명시된 군사 비밀은 '당사국이 생산하거나 보유한 국가안보 이익상 보호가 필요한 방위 관련 모든 정보'로 정의됐는데요. 양국의 '1급 비밀'을 제외한 모든 정보가 교환 대상이었습니다. 이에 따라 한일 양국은 북한의 핵과 미사일 동향 등 대북 군사정보를 미국을 거치지 않은 채 직접 공유할 수 있게 됐죠.

협정은 지난 2019년 8월 24일까지 한일 양국 어느 쪽이든 종료 의사를 밝히지 않는다면, 자동으로 1년 연장될 예정이었는데요. 통보 마감 이틀 전 문재인 전 대통령은 국가안전보장회의(NSC)를 열고, 지소미아 종료를 결정했습니다.

김유근 청와대 국가안보실 1차장은 지소미아 종료 이유에 대해, "일본이 우리나라를 화이트리스트에서 배제하는 등 안보 환경에 중대한 변화가 초래돼 협정을 지속하는 것이 우리의 국익에 부합하지 않는다"고 설명했습니다.

당시 일본이 우리나라를 '믿을 수 있는 국가들'이라는 의미의 소위 '화이트리스트'에서 배제한 것은, 일제 강제징용 피해자가 낸 손해배상 청구소송에 대해 법원이 '원고 측 승소 판결'을 내렸기 때문이란 분석이 중론입니다.

일본은 아시아에서는 우리나라를 유일하게 화이트리스트에 포함시켰는데요. 당시 법원 판결에 정부의 '시각'이 반영됐을 것이란 판단에, '믿을 수 있는 국가' 명단에서 제외하고 수출 심사 등에서 '우대 조치'를 거둬들이는 결정을 내린 것이란 분석입니다.

이와 관련해 남관표 주일 한국대사는 논란 당시인 지난 2019년 10월 현지 대사관에서 진행된 국회 외교통상위원회 국정감사에서, 자유한국당 윤상현 의원의 "지소미아를 파기해도 정보 교류에 전혀 문제가 없느냐"는 질의에 "복원되는 것이 바람직하다고 생각한다. 이런 상황이 벌어질 수밖에 없는 국면이 유감"이라고 말했습니다.

남 대사는 "청와대 국가안보실 제2차장 재임 시절에 지소미아 파기가 검토됐느냐"는 질문에는 "그런 적 없다"고 답했습니다. 당시 김성학 주일 국방무관도 "정보는 한 가지라도 더 가지는 것이 좋다. 지소미아는 한일 관계를 떠나 우방국과의 관계, 동북아 정세도 생각해봐야 한다"는 소신을 밝혔던 것으로 전해집니다.

하지만 청와대는 그로부터 한 달 뒤, '주한미군 감축 가능성 암시' 등 미국의 공개 압박과 여론 등을 감안해 입장을 바꿨습니다.

그 당시 저는 미국이 '주한미군 감축 카드'까지 꺼내들었던 상황을 단독 취재해 보도하기도 했는데요. 당시에 정보를 전해줬던 자유한국당 최고위 관계자가 "일본과의 정보교류가 끊기고, 주한미군까지 철수하게 되는 상황은 '갓끈전략'을 구사한 북한 말고 그 누가 좋아하겠느냐"며 "청와대 비서관급 30여 명 가운데 운동권 출신이 10명은 된다던데, 이들이 결국 큰 사고를 쳤다"고 혀를 차기도 했습니다.

앞서 오바마 대통령은 지난 2010년 "한미 동맹은 한국과 미국뿐 아니라 태평양 전체 안보의 린치핀Linchpin"이라고 했습니다. 수레와 바퀴를 연결시킬 수 있도록 바퀴 축에 꽂는 핵심 부품인 '린치핀'으로 묘사한 건데, 당시 청와대의 오판에 린치핀이 빠져버릴 위기에 놓였다면서 깊은 한숨을 쉬었던 겁니다.

결국 문재인 대통령은 2019년 11월 22일 NSC를 열고, 이날 자정에 종료 예정이었던 지소미아의 연장을 결정했습니다. 일본과 '수출 규제 문제를 논의한다'는 '조건'이 있었다는 점은 명확히 했고요.

관련 내용을 담은 브리핑은 협정 종료를 6시간 앞두고 진행됐는데, 당시 이 같은 내용을 담아 TV조선의 메인 뉴스인 '뉴스9 리포트'를 정신없이 만들었던 기억이 납니다. 거의 석 달 동안 이 현안과 관련한 내용을 취재하느라 진이 빠졌던 기억도 여전하고요.

이후 문재인 정부 내내 일본의 한국 화이트리스트 배제 조치 등에 따라 '종료 유예' 상태가 지속되다, 2023년 3월 윤석열 대통령과 일본 기시다 후미오 총리의 '한일 정상회담'을 통해 4년 만에 '완전한 정상화'가 이뤄졌습니다.

앞서 다른 전직 대통령들도 일본에 대해 강경한 태도를 보인 적은 있습니다. 김영삼 전 대통령은 지난 1995년 중국 장쩌민 국가주석과의 정상회담에서 "일본의 버르장머리를 고쳐놓겠다"고 말한 적이 있습니다. 그에 앞서 에토 다카미 일본 총무청 장관이 "한일합방으로 일본이 좋은 일도 했다"고 망언妄言을 하자, YS가 이에 반발해 강한 어조로 비판했던 겁니다.

이명박 전 대통령도 현직 대통령 가운데에는 최초로 지난 2012년 8월 10일 독도를 방문했습니다. 당시 일본이 2012년 방위백서에 독도 관할부대를 명기한 데에 대한 반사적 행보였는데요. 그로부터 나흘 뒤에는 "(일왕이 방한하려면) 독립운동을 하다 돌아가신 분들을 찾아가 진심으로 사과해야 한다"는 뜻을 밝히기도 했습니다.

반대로 DJ정부에서는 '김대중-오부치 선언'을 할 정도로 밀착 행보를 보이기도 했는데요. 보수 성향의 정부라고 해서 특별히 가까운 것도 아니었고, 진보 성향의 정부라고 해도 특별히 멀었던 것은 아닌 것으로 보입니다. 다만 '운동권 색채'가 보다 짙은 정부의 상황은 조금 달랐지만요.

6 "세상 바뀐 것 확실히 느끼도록 갚겠다"

> "검찰개혁과 언론개혁을 약속드렸습니다.
> 한줌도 안 되는 부패한 무리들의 더러운 공작이 계속될 것입니다.
> 그것들이 두려웠으면 나서지도 않았습니다. 지켜보고 함께 해 주십시오.
> 최소한 저 사악한 것들보다 더럽게 살진 않았습니다.
> 세상이 바뀌었다는 것을 확실히 느끼도록 갚아주겠습니다."

-2020. 4. 17. 최강욱 국회의원 당선인 페이스북-

문재인 정부 청와대 공직기강비서관을 지냈고 열린민주당 비례대표로 제21대 총선에서 국회의원으로 당선된 최강욱 의원이 총선 직후인 2020년 4월 17일, 자신의 페이스북에 매우 강한 어조의 글을 올렸습니다.

"한 줌도 안 되는 부패한 무리의 더러운 공작이 계속될 것"이라며 "세상이 바뀌었다는 것을 확실히 느끼도록 갚아주겠다"고 불편했던 심기도 여과 없이 드러냈죠.

이와 같은 사실상의 '선전포고'는 제21대 총선 결과 '거대 여당'이 꾸려진 상황에서 나왔기에 가볍게 들리지 않았습니다.

최 의원은 총선을 3개월 앞둔 시점에, 조국 전 장관 아들에게 '허위 인턴 증명서를 발급해준 혐의(업무방해)'로 검찰에 의해 불구속 기소됐는데요. 당시 그는 "검찰권을 남용한 기소 쿠데타"라며 강하게 반발했습니다.

최 의원의 말처럼, 제21대 총선 이후 세상은 완전히 달라졌습니다. 당시 여당은 공직사회 전반에 힘을 보여주겠다며, 보란 듯 '임대차법'을 강행 처리했습니다.

하지만 의석 100석의 국민의힘은 이를 막을 힘이 없었고, 막고자 할 의지도 그리 크지 않아 보였습니다. 총선 직후 사회 전반의 분위기도 그렇고, 현실적으로 할 수 있는 게 거의 없었기 때문이죠.

이른바 '임대차법'은 전월세신고제·전월세상한제·계약갱신청구권제 등을 핵심으로 하는 '주택임대차보호법 개정안'과 '부동산 거래신고 등에 관한 법률 개정안' 등을 총칭하는 말인데요.

계약갱신청구권제와 전월세상한제를 담고 있는 주택임대차보호법은 21대 국회가 시작된 2020년 7월 말 국회를 통과한 데 이어, 그 다음날 국무회의까지 통과하면서 바로 시행됐습니다.

또 전월세신고제의 근거가 되는 '부동산 거래신고 등에 관한 법률 개정안'은 그 다음달 4일 본회의를 통과했습니다. 그야말로 그 모든 것이 일사천리였죠.

문 전 대통령은 임대차법 처리 2주 전 국회를 찾았습니다. 제21대 국회 개원 축하연설에서 "대결과 적대의 정치를 청산하고 '새로운 협치의 시대'를 열어야 합니다. 지금과 같은 전 세계적 위기와 격변 속에서 협치는 더욱 절실합니다"라고 했는데요.

그 이야기가 있은 뒤 보름도 채 되기 전에, '거대 여당의 잇따른 강행처리'를 비롯해 앞으로 있을 '일방적 국정운영'의 단면을 엿보기엔 부족함이 없었습니다.

제21대 총선 이전까지 24명의 장관급 자리가 국회 청문보고서 채택 없이 임명됐는데요. 여당이 선거에서 압승한 이후에는 더욱 거침 없었습니다.

18개 상임위원회를 독식해 여당 단독으로 청문보고서를 채택할 수도 있었고, 사실상 그 어떤 장애물이 없다고 봐도 무방했습니다. 박지원 국정원장을 비롯해, 이인영 통일부 장관, 정의용 외교부 장관, 황희 문화체육관광부 장관, 변창흠 국토교통부 장관 등은 야당의 동의 없이도 일사천리로 임명할 수 있었죠.

노무현 전 대통령은 "대통령은 행정부의 수반이지만 행정만 하는 사람이 아니다. 정치를 잘 하지 않으면 권한을 제대로 행사하기 어렵다"고 했지만, 당장 눈앞에 보이는 의석수에 취해 그 문장이 갖는 무게감을 경시했던 것이죠.

한 장면 더 볼까요? 제21대 총선 1년 뒤인 지난 2021년 4월, 더불어민주당 원내대표 경선 후보 토론회에서 윤호중 의원은 개혁과 협치의 우선순위와 관련해 다음과 같은 발언을 했습니다. "둘 중에 하나를 선택하라면 개혁이다. 협치는 우리가 선택할 대안이 아니다. 일종의 협치 계약이 있지 않는 한 협치는 불가능하다"고 말이죠. 그랬던 그가 결국 원내대표로 선출됐습니다. 그 이후의 상황이 쉬이 떠올려지시죠?

이와 같은 분위기가 죽 이어진 것이, 민주당이 다시 정권을 내줄 수밖에 없었던 주된 이유였다는데 재론의 여지가 없을 것입니다. 윈스턴 처칠의 "만약 우리가 과거와 현재 사이에서 싸움을 벌인다면, 결국 우리는 미래를 잃어버릴 것"이라는 경고를 무시한 결과이기도 했고요.

과거의 실패는 '교훈' 삼고 잘 된 부분은 '계승'해 현재를 더욱 살찌우는 것이 보다 현명했을 텐데, 세상 바뀐 것을 보여주고 증명해낼 생각만 했으니 민심을 얻어내기 어려웠던 것이죠.

지난 2016년 말, 공화당의 도널드 트럼프 후보가 미국의 제45대 대통령에 당선된 직후에, 하버드대학 정치학과 교수인 스티븐 레비츠키Steven Levitsky와 대니얼 지블랫Daniel Ziblatt이 뉴욕타임즈에 '트럼프는 민주주의에 위협이 되는가?'라는 칼럼을 썼습니다.

민주주의가 너무나도 쉽게 무너질 수 있다는 내용이었는데, 그 글이 100만회 이상의 조회수를 기록하자, 결국 출판사의 요청으로 『어떻게 민주주의는 무너지는가』라는 책이 나오게 됐습니다.

그 책에는 자유민주주의는 '선출된 권력'의 '형식적 법치'만으로는 지킬 수 없다는 취지의 내용이 담겨 있습니다. 상호존중과 권

"세상 바뀐 것 확실히 느끼도록 갚겠다"

력의 절제 등 민주적 규범이 더해져야 지켜낼 수 있다는 것이죠.

사실 히틀러Adolf Hitler가 독일의 총통에 오르는 과정을 봐도 '민주적 절차'인 선거選擧에 의해서였습니다. 지난 1934년 8월 힌덴부르크 대통령이 사망하자 히틀러는 총리와 총통의 직책을 합치는 안을 국민투표에 부쳤습니다.

유권자 4555만 명 가운데 95.7%가 참여했고, 88.1%가 찬성표를 던져 히틀러가 총통 자리에 오르는 데 정통성을 부여했습니다. 합법적으로 '선출된 권력'도 '독재자'가 될 수 있음을 보여준 사건입니다.

자동차에는 '가속장치Accelerator'만 있는 것이 아니라 '제어장치brake'도 있습니다. 이 가운데 어느 하나만 있으면 자동차가 자동차 노릇하기 어렵습니다. 대화와 타협 없이 국회가, 정치가 제 노릇할 수 없는 것과 마찬가지 이치죠.

고대 그리스의 사상가인 헤라클레이토스Heraclitus of Ephesus는 "분노를 떨쳐 버리기란 어려운 일이다. 인간은 자기 영혼을 내주고라도 보복하려 든다"고 했습니다. 그런데 '보복의 유혹'을 떨치지 못한다면, 그 스스로도 언젠가는 자신의 보복행위가 부메랑이 돼 또 다른 보복을 당할 수밖에 없습니다. 상대 진영에서도 '팃포탯Tit for Tat' 즉 '눈에는 눈, 이에는 이' 전략을 구사할 테니까요.

DJ는 지난 1998년 7월 31일, 전직 대통령 내외분을 청와대로 초청해 만찬을 함께 했습니다. 당시 최규하·전두환·노태우·김영삼 전 대통령이 오랜만에 청와대를 다시 찾을 수 있었습니다. 들어가는 길에 옛날 생각도 많이 나셨겠지요. 회한悔恨의 시간들까지요.

당시 만찬과 관련, DJ는 "생존해 있는 전직 대통령 모두가 만찬을 함께 한 것은 우리 현대사에 처음 있는 일"이라며 "국민들에게 통합의 메시지를 전달하고 싶었다. 그들과 국정 경험을 나누면서 국난극복의 지혜를 얻고자 했다"는 취지를 밝혔습니다.

역대 대통령은 공은 공대로, 과는 과대로 평가하자는 이유가 바로 이런 지점에 있는 것입니다. 생각이 달랐던 분들에 대해 '전부다 잘못했고, 잘한 것은 하나도 없다'고 평가한다면 사리에 맞지도 않고, 그런 생각을 하시는 분에게는 미래도 없을 것입니다.

논어에 나오는 '익자삼우益者三友'라는 표현처럼, '정직', '신의', '지식' 등 친구가 나보다 나은 부분을 찾고 이를 본받아 자신을 살찌우면 될 일입니다.

'인류는 사랑하지만, 나를 반대하는 사람은 결코 참을 수 없다'는 표현은 이제 더 이상 정계에서 회자되지 않기를 바라는데, 그 바람이 이뤄질 수 있을까요?

7 대선 끝났는데도 멈추지 않는 '알박기'

문재인 정부는 국무위원 후보자 인사청문회 관련 비판을 많이 받았지만, 산하 공공기관 인사人事와 관련해서도 각종 논란이 끊이질 않았습니다.

정권 초중반에는 요직에 '캠코더(文 대선 '캠'프, 시민단체 등 '코'드 맞춤, '더'불어민주당)' 출신 인사 비율이 굉장히 높다는 지적이 많았고, 임기 막바지에는 곳곳에 이른바 '알박기 인사'까지 해놨다는 비판을 받았습니다.

지난 2022년 3·9 대통령선거 반 년 뒤쯤 국토교통부 산하기관 37곳 임원 현황을 살펴보니, 전체 325명 가운데 각종 선거 출마자 28명, 문재인 정부 청와대나 당직자 출신 19명, 대선 캠프 출신 7명 등 이른바 '야권 코드 인사'는 모두 69명으로 추정됐습니다.

이들 가운데 문재인 정부 국정원 1차장을 지낸 한국공항공사 사장 A씨는 대선 선거운동 기간에, 문재인 대선 캠프 출신 제주국제자유도시개발센터 B이사장과 코레일테크 C상임이사는 대선 하

2-4장 내편 챙기며 장기집권 꿈꾸다

루 전에, 문재인 대통령 청와대의 경호본부장을 지낸 SR 상임이사 D씨는 차기 대통령이 결정되고 사흘 뒤 임명됐습니다. 정권 교체기에도 잇따라 '알박기 인사'가 진행됐던 겁니다.

국토교통부 한 부처만 해도 이 정도인데, 전수 조사를 전체 부처로 확장하면 그 규모는 훨씬 커질 것입니다. 임기 종료를 앞둔 대통령이 차기 대통령 당선인과 상의 없이 자신과 코드가 맞는 인사를 고위공직자로 임명해버리는 행위가 한국 정치의 또 다른 구태로 자리를 잡은 것이죠.

지난 2008년 1월 4일, 이명박 대통령 당선인은 노무현 정부를 향해 예금보험공사와 자산관리공사 사장 임명을 자제하라고 거듭 요구했습니다. 그러자 노무현 전 대통령은 "한 번 더 자제하라는 이야기가 나오면 사람을 모욕 주기 위한 것으로 생각하고 내 마음대로 하겠다"고 으름장을 놓기도 했죠.

그런데 문제는 '전 정권의 알박기를 욕하다가, 자신들도 욕먹을 각오로 또 다른 알을 박아놓고 나가는 현상'이 5년 주기로 반복된다는 점입니다.

'박근혜 대통령 탄핵'에 따른 조기 대선이 치러지면서 당선이 유력시되던 민주당 문재인 후보는, 황교안 대통령 권한대행의 한국마사회장·중소기업은행장 등 9명의 공기업 기관장 임명에 강하게 반발했습니다.

그랬던 문 전 대통령도 '청와대 경호본부장'을 지내면서 자신을 경호해준 인물을 SR 상임이사에, 그것도 차기 대통령이 결정된 이후에 임명했습니다.

문 전 대통령은 '알박기'의 대척점에 있다고 볼 수도 있는 '알빼기' 인사도 단행한 바 있습니다. 대선을 한 달 여 앞둔 시점에 황교안 직무대행이 박근혜 청와대 비서관 출신인 김용수 미래창조과학부 정보통신정책실장을 '대통령 지명 몫' 방송통신위원회 상임위원(차관급)에 임명했습니다.

그러자 문 전 대통령은 취임 한 달 뒤, 김 상임위원을 미래부 2차관으로 보내는 알빼기 인사를 했습니다. 김 상임위원이 거부하지 못하도록, '차관급'에서 명실상부 '차관' 자리로 옮겨준 겁니다.

그런데요, 임기 말까지 그야말로 '현직은 현직'입니다. 아무리 힘이 빠졌다고 해도 대통령은 대통령인 것이죠. 그렇기 때문에 아무리 당선인이라고 해도, 취임 전까지는 대통령의 그 어떤 국정 운영도 막을 방도가 없습니다.

미국의 부시 전 대통령은 지난 1993년 초 임기 만료가 48시간도 채 남지 않은 상태에서 이라크에 대한 제3차 공습명령을 내린 바 있습니다. 아무리 이빨 빠진 호랑이, 레임덕이 극에 달한 대통령이라 할지라도 이른바 '현직의 무서움' 보여준 것이죠.

과거 권력과 미래 권력은 서로 길항拮抗 관계일 때 건강해지기 마련입니다. '달콤함 맛'을 전해주지 못해서 그렇지만요.

8 사상누각된 文 대통령의 15년 집권론

　　　　　　　　　　　　문재인 전 대통령은 민주당 '대선 레이스' 막바지였던 지난 2017년 4월 3일 '수도권·강원·제주 경선' 정견 발표 자리에서 '15년 집권' 의지를 드러냈습니다.

문 전 대통령은 "정권교체를 넘어 더 큰 꿈을 꿔도 되지 않겠습니까? 5년 가지고는 안 됩니다. 10년, 15년 민주당 정부 이어가야 합니다. 저의 꿈! 우리의 꿈! 함께 해주시겠습니까?"라고 했습니다.

민주당 차원에서도 장기집권 욕심을 숨기지 않았습니다. 대선 국면 당시 선봉에서 민주당을 이끌었던 이해찬 선대위원장은 2017년 4월 30일, "극우 보수세력을 완전히 궤멸시켜야 한다"며 이른바 '보수 궤멸론'을 공론화했고, 정권을 잡은 이듬해엔 '20년 집권론'으로 관련 발언을 점차 키워갔습니다.

이 위원장은 정권 교체 이후인 지난 2019년 한 언론과의 인터뷰에서 "우리 역사 지형을 보면 정조대왕이 1800년에 돌아가십니다.

그 이후 220년 동안 개혁세력이 집권한 적이 없어요. 조선 말기는 수구 쇄국 세력이 집권했고, 일제강점기 거쳤지, 분단됐지, 4·19는 바로 뒤집어졌지, 군사독재했지, 김대중 노무현 10년 빼면 210년을 전부 수구 보수 세력이 집권한 역사"라고도 주장했고요.

실제로 당시 야당이었던 자유한국당은 대선 이후 서서히 몰락했고, 제20대 총선 직후엔 그야말로 나락으로 추락했습니다. 그런데 '보수 궤멸'이, 민주당의 장기 집권을 담보하지는 못했습니다. 야당의 '건전한 비판'도 설 자리를 잃게 되면서, 민주당이 서서히 '자정 능력'을 상실해갔기 때문입니다.

'빈민운동의 대부'로 불렸던 제정구 전 의원 이야기를 해볼까 합니다. 제 전 의원은 경남 지역 명문인 '진주고등학교'와 대한민국 최고 명문대로 꼽히는 서울대 정치학과를 잇따라 졸업한 수재秀才였습니다. 끊임없이 자기 성찰을 한 구도자求道者이기도 했고요.

그는 한 때 단무지 장사에 나섰으나, 도저히 "단무지 사이소"라는 말이 입에서 떨어지지 않아 사흘 간 괴로워했던 것으로 전해지는데요. 자기 마음속 교만함과 머릿속 얕은 지식, '서울대 출신'이라는 허위의식을 버리고 나서야 시원스럽게 "단무지 사이소"를 외칠 수 있게 됐다고 고백한 바 있습니다.

그는 자서전인 『가짐 없는 큰 자유』에서 "천사와 악마의 대결에서 천사가 악마를 향해 칼을 뽑아드는 순간, 악마는 이미 승리한 것"이라고 했고, "나는 증오심으로 운동해서는 안 된다고 생각하는 사람"이라고도 했습니다. 상대 진영을 적대시 하지 말라는 조언이겠지요.

하다못해, 영화 '대부3'에 나오는 대부 마이클 콜레오네Michael Corleone 조차 "절대로 적을 미워하지 마라. 판단력이 흐려진다"고 하지 않았습니까?

반면 히틀러는 이질적인 것에 대해 증오와 공격으로 대응했습니다. 마르크스Karl Heinrich Marx와 사회주의 운동의 배후에 '타락하고 열등한 유대인'이 있다는 자기 확신을 갖고, 유대인과 유대문화 절멸을 위해 탄압을 가했습니다. 이성을 마비시키는 선전선동과 강한 군대, 무자비한 비밀경찰을 통치수단으로 삼았고요.

그가 쓴 『나의 투쟁』을 보면, "민중의 마음을 획득하는 것은 적대자를 절멸시키는 경우에 의해서만 성공할 수 있다. 민중은 어떤 시대에도 적에 대해 용서 없는 공격을 가하는 중에 자신의 정의를 발견하며, 반대로 적대자의 절멸을 단념하면 자기의 정체성을 불확실하게 느낀다. 그들이 바라는 것은 더 강력한 자의 승리이며, 더 약한 자의 절멸 또는 무조건 예속"이라는 구절이 있는데요.

책에 담은 마음 그대로, 통치 기간 동안 증오와 말살로 점철됐던 그의 말년이 어땠나요?

3장

임기 1/3 지난 윤석열 정부는?

01. 당선 직후부터 챙긴 '민정수석실 폐지' 공약
02. 민정수석실 폐지 후 늘어난 대통령의 부담
03. 여성가족부 해체 위해 투입된 여가부 장관
04. '정책 폐기'로 이어진 아쉬운 단어 선택
05. 장관 평균 나이 60세, 공염불 된 '30대 장관'
06. 고3 수험생들 울리는 정치권
07. '탑건' 매버릭의 파트너, '코드1' ㅋ의 파트너
08. 소통령 한동훈
09. "선거 져도 건전 재정하겠다"는 정치 실험
10. 멈춰버린 대통령의 '인사'
11. 제2부속실에 대한 '호부호형'을 허해야

1 당선 직후부터 챙긴 '민정수석실 폐지' 공약

윤석열 대통령이 '당선인' 시절 가장 먼저 챙긴 것은, 대표 공약 가운데 하나인 '민정수석실 폐지'였습니다.

윤 대통령은 '민심을 청취해 국민과 대통령 사이를 좁히는 민정民情의 본래 의미가 국정원·검찰·경찰·국세청·감사원 등 5대 사정기관을 좌지우지하며 정적을 통제하는 것으로 변질됐다'는 취지의 발언을 수차례 했는데요. 대선 승리 닷새 만에 대통령실인수위원회에 첫 출근해 강력한 추진 의지를 밝혔습니다.

윤 대통령은 지난 2022년 3월 14일, 서울 종로구 통의동 당선인 집무실에서 안철수 인수위원장, 권영세 부위원장, 원희룡 기획본부장과의 차담회에서 "일명 사직동팀(경찰청 형사국 조사과)은 있을 수 없다"며 "앞으로 대통령실 업무에서 사정, 정보조사 기능을 철저히 배제하고, 민정수석실을 폐지하겠다"고 했습니다.

그는 "과거 사정기관을 장악한 민정수석실은 합법을 가장해 정적·정치적 반대세력을 통제하는 경우가 비일비재했다"며 "세평世

評 검증을 위장해 국민 신상털기와 뒷조사를 벌여왔던 잔재殘滓를 청산淸算하겠다"고도 했습니다.

그런데 정부 출범 1년이 지난 시점에서, 민정수석실 폐지와 관련해 정부 부처와 정치권 심지어 대통령실 일각에서도 '득보다 실이 많은 것 같다'는 목소리가 조심스레 흘러나오고 있습니다.

윤 대통령의 지난 임기를 되돌아보면 '부실 검증' 등 소위 인사 관련 비판이 끊이지 않았고, '행정안전부 경찰국' 설치 과정에서 '물밑에서'의 검찰과 경찰 조율 부재로 일선 경찰들의 격렬한 저항을 대통령실과 법무부가 '공개적으로' 받아야만 했습니다.

공백이 가장 커 보이는 곳은 소위 '사정司正' 부문입니다. 각 부처에서 쏟아지는 범죄 관련 정보를 통합 관리하고, 필요에 따라 감찰과 수사를 지시하는 '사정 컨트롤타워 부재'로 공무원 조직이 일사분란하게 움직이지 않는다는 지적도 이어지고 있습니다.

상황이 이렇다보니, 민정수석실을 다시 부활해야 한다는 주장이 제기되고 있는데요. 정권 초에 폐지했다 임기 도중 부활시킨 전례는 있습니다. DJ는 '권력 남용 등의 문제가 있다'며 정권 출범 당시 민정수석실을 폐지했다가, 임기 1년 반이 지난 1999년 6월 부활시킨 바 있습니다.

윤 당선인은 "사직동팀은 있을 수 없다"고 했는데요. 지난 2000년 '사직동팀 해체'를 선언한 것도 DJ요, 그에 앞서 '민정수석실 부활'을 지시한 것도 DJ입니다. 다음 장에서 조금 더 살펴 볼까요?

당선 직후부터 챙긴 '민정수석실 폐지' 공약

2 민정수석실 폐지 후 늘어난 대통령의 부담

청와대 민정수석이라는 자리는 기본적으로 검찰과 경찰·국정원·국세청·감사원 등 5대 권력기관을 사실상 통솔하면서 그 기관이 생산한 '내밀한 고급 정보'를 대통령에게 직접 보고합니다. 고위직 신상 조사를 위해 행정전산자료뿐 아니라, 사정기관 존안자료와 함께 세평 조회도 하죠.

사정과 공직기강 기능을 총괄하면서 생긴 막강한 권한 덕분에 '왕수석王首席'으로 불리기도 했습니다.

반면 '음지에서 일하고 양지를 지향하는' 보직이기도 합니다. 권한은 막강하지만 대통령의 지근거리에서 티 안 나게 보좌하는 '소리 없이 강한' 자리인 셈이죠.

이 때문에 국회 운영위원회에 다른 수석이 아닌 민정수석이 불참하는 경우에는, 상대적으로 더 용인容忍 해주기도 했고요.

역대 민정수석 가운데 유일하게 민정수석직을 두 번 역임한 문재인 전 대통령 역시도 당시 노무현 전 대통령 곁에서 조용히 티 안 나게 보좌한 바 있습니다.

오히려 과거에는 민정수석보다 청와대의 안살림을 책임지는 총무수석이나 총무 관련 보직이 상대적으로 눈에 더 띄고 문제도 더 많이 발생했습니다.

YS 때까지는 총무 총 책임자가 차관급인 수석비서관이었지만, DJ 정부 들어 1급 비서관으로 낮아졌습니다. 이른바 한보 비리에 연루된 홍인길 전 총무수석의 구속 수감이 사실상 변화의 단초가 됐죠.

이후 정권을 잡았던 DJ는 접대 비리 가능성을 원천 차단하겠다며 여성인 박금옥 비서관을 총무 책임자로 임명했고, 5년 임기 내내 교체하지 않았습니다.

DJ는 또 YS 정부 시절 청와대에서 4년여 동안 '핵심 실세'로 꼽힌 이원종 정무수석을 보면서, "정무수석 권한이 너무 막강하다"며 아예 정무수석실을 없앨 생각까지 했다고 합니다.

하지만 정무수석실을 폐지하면, 관련 업무가 누락되거나 공백이 생길 수 있어 결국 '역할 조정' 수준으로만 손을 봤다고 DJ 청와대 초대 정무수석을 지낸 문희상 전 국회의장이 밝힌 바 있습니다.

박근혜-문재인 정부가 들어서고부터, 총무나 정무보다는 오히려 그동안 소리 없이 강한 보직이었던 민정 파트가 눈에 띄기 시작했습니다.

김대중-노무현-이명박 정부에선 민정수석을 지낸 인사가 공히 네 명이었는데요. 박근혜-문재인 정부 들어선 각각 여섯 명으로 늘어났습니다. 50% 증가한 것이죠. 여러 문제들이 발생한 탓이기도 했는데, 결국 사정査定을 좌지우지하던 그 분들 스스로가 피의자·피고인으로 전락하기도 했고요. 참으로 안타까운 역사입니다.

박근혜 정부에서 '실세 민정수석'으로 꼽히던 분은 1년여 옥살이를 했고요. 문재인 정부의 '스타 민정수석'이었던 분은 직무 관련과 함께 일가 관련 범죄 혐의까지 더해져 1심에서 실형을 선고받고, 대한민국 최고의 대학으로 꼽히는 곳에서도 파면됐습니다.

여기에 더해 부인은 구속 수감 중이고, 딸은 의사 면허와 학위도 상실했습니다. 아들도 대학원 학위를 반납했고요.

조국 전 장관은 민정수석 임명 즈음 자신의 트위터에 "고심 끝에 민정수석직을 수락했습니다. 능력 부족이지만 최대한 해보겠습니다. 여기저기서 두들겨 맞겠지만 맞으며 가겠습니다. 마치고 학교로 돌아올 때까지 트위터를 접습니다. 다들 건강 건승하십시오"라고 적었는데요.

민정수석을 거쳐 법무부 장관까지 오른 이후, 불명예 퇴직한 이후엔 "검찰의 멸문지화滅門之禍를 상상 못했다"며 "과거로 간다면 장관직을 고사했을 것"이라고 밝히기도 했습니다.

이런 모습들을 지근거리에서 봤기 때문일까요? 직후 정권을 잡은 윤석열 대통령은 취임 직후 민정수석실을 없애라는 지시를 내리기에 이른 것입니다.

주변에 따르면, 민정수석실 폐지의 결정적 '판단 근거'가 된 계기가 '울산시장 선거 개입 의혹' 사건이었다고합니다. '국정 관련 여론수렴 및 민심동향 파악'이라는 민정비서관실 업무와 '공직 비리 동향 파악', '고위공직자 등의 비리 상시 사정 및 예방'이라는 반부패비서관실 업무가 상시적으로 불필요한 논란을 야기할 수 있다고 판단해 그와 같은 지시를 내린 것으로 보입니다.

그런데 '사랑니'도 나름의 역할이 있는데, 인생을 '분 단위, 초 단위'로 산다는 민정수석이 빠진 자리가 얼마나 크겠습니까?

대통령실 관계자들은 민정수석실이 담당하던 역할과 기능을 다른 기관으로 적절히 배분하겠다고 했지만, 정권 초기부터 '민정수석 공백'으로 인한 사건사고는 곳곳에서 벌어졌습니다.

민정수석실의 역할 가운데 하나가 부처 갈등 조정인데요. 과거 문재인 정부 시절 울산시장 선거개입 의혹 사건이 터졌을 당시, 문재인 청와대에선 '고래 고기를 둘러싼 검경 갈등 상황'을 파악하기 위해 특감반원들을 현장에 보낸 것이라고 해명한 바 있습니다.

부처나 기관 사이에 갈등이나 분쟁이 생기면 민정수석실이 사실상의 컨트롤 타워 역할을 하면서 상황을 수습하기 때문이죠.

민정수석실이 각종 검증 국면에서 제 역할을 했다면 국정원이나 경찰 인사를 둘러싼 파열음도 '크게' 발생하지 않았을 것입니다.

이와 함께 민정수석실이 맡아오던 민심 및 여론 수집 업무도 다른 수석실에 적절히 배분된 것으로 알려졌는데요. 민정수석실에서 정보 전문가들로 구성된 검경 특감반원들이 수집한 민심과 일반 사무직이 취합한 정보의 질은 큰 차이가 있겠죠.

5년 간 위탁 받은 권력을 제대로 사용하지 못하면, 그 역시도 정권을 잡지 못한 것만큼이나 문제입니다. 가득 차 있는 권력을 효과적으로 사용하지 못하면 지하로 누수漏水될 텐데요.

사용하지 못한 권력의 부재뿐 아니라, 누수된 곳 정비를 위해 또 다른 권력까지 투입해야 합니다. 이런 상황이 계속 이어지면, 자칫 5년 내내 조직 정비만 해야할 수도 있는 것이고요.

춘추시대 진나라의 헌공은 우나라에 사신을 보내, '괵나라를 치고자 하니 길을 빌려달라'고 요청했습니다. 당시 약소국이었던 우나라의 군주는 이 요청을 받아들이려고 했는데, 궁지기라는 신하가 그 요청을 받아들여선 안 된다며 반대 의견을 제시했습니다.

"괵나라는 우리나라의 앞면과 같습니다. 따라서 괵나라가 망하면 우리나라 또한 같은 처지가 될 것입니다. 옛말에 '입술이 없어지면 이가 시리다'고 했는데, 괵이 없어지고 나면 그쪽을 향하던 화살은 곧 우리쪽으로 향하게 될 것입니다"라고 하면서요.

하지만 군주는 그의 간청을 무시했고, 괵나라를 병합한 진은 궁지기의 말처럼 우나라까지 멸망시켰습니다. 이는 사자성어 '순망치한脣亡齒寒'의 유래죠.

비록 역대 민정수석 가운데 적지 않은 분들이 각종 논란의 중심에 선 바 있기에, 치료는 반드시 필요했을 텐데요. 그렇다고 이빨이 썩었다며 치아를 뽑아낸 뒤 새로운 이빨을 채워 넣지 않는다면, 입이 붓고 잇몸이 시리며 다른 이빨까지 곧 썩거나 흔들리게 되지 않을까요?

3 여성가족부 해체 위해 투입된 여가부 장관

윤석열 대통령은 대선 후보 시절이었던 지난 2021년 12월 6일, 국민의힘 선거대책위원회 출범식에 앞서 자신의 페이스북에 다음과 같은 글을 남겼습니다.

> **facebook**
>
> "정치는 사람이 하는 것이 아니라 사람들이 하는 것입니다. 이견이 있기에 정치가 존재하고, 이견을 자연스러운 것으로 받아들일 때 정치는 성립합니다.
> 지도자 한 사람이 모든 것을 결정하고, 끌고 가는 시대는 이미 지났습니다. 이제 '누구는 되고, 누구는 안 된다'고 하지 않았으면 좋겠습니다. (중략)
>
> 정치는 다양한 의견을 조율하면서 더 나은 대안을 창조하고,
> 결과를 만들어가는 과정입니다. 이견의 존재는 발전의 원동력이자
> 새로운 창조의 자양분입니다. 이견을 잘 조정하는 것이 정치가의 일입니다. (중략)
>
> 저는 정치적 이익을 위해 국민을 편가르기 하는 것이 아니라
> 국민 사이에 존재하는 이견을 인정하는 전제 위에서
> 그 이견을 조정하는 대통령이 되겠습니다. 그리고 더 나은 미래를 위해
> 새로운 대안으로 더 좋은 결과를 만들어 내는 대통령이 되겠습니다."

그런데 윤 대통령은 한 달 뒤쯤, 자신의 페이스북에 "여성가족부 폐지"라는 '가벼우면서도 묵직한 글'을 남겼습니다. 글자 수가 비록 '일곱 자' 밖에 되지 않았지만, 그 안에 담긴 내용은 대단히 무거웠죠.

앞서 윤 대통령은 "편 가르기 하지 않고 이견異見을 인정하는 전제 위에서 조정調整하겠다"고 약속했는데요. 성별에 따라 호불호가 갈릴 수 있는 소위 '뺄셈의 정치'를 하는듯한 모습을 보여 다소 의아하다는 생각이 들었습니다. 이명박 정부 때에도 공약으로 추진된 적이 있지만 결국 백지화되기도 했고요.

하지만 그 취지까지 이해가 안 되는 것은 아니었습니다. 고(故) 박원순 전 서울시장 관련 사건이 불거졌을 당시 여가부는 피해자 분에 대해 도움이 될 만한 언행은 일절 없었던 반면, '성인지 감수성 기회비용이 838억 원'이라는 궤변만 늘어놨습니다. 그런 조직에 대해 '충격 요법이 필요하다'는 인식은 십분十分 이해합니다.

당시 여가부는 위력 성폭력 피해자였던 '김잔디(가명)' 씨를 '피해자'가 아닌 '고소인'이라고 지칭해 거센 비판을 받았습니다. 여가부가 피해자의 안위를 살피는게 아니라 '피해 호소인'과 '가해 지목자'라는 사실상의 신조어를 언급했던 민주당과 여권의 눈치를 보다 '존폐론'으로까지 번지게 된 것이죠.

여성가족부(Ministry of Gender Equality & Family)가 '명칭에 걸맞는 모습'은 보이지 못한 채 피해 여성과 가족들에게 상처만 준다면, 간

판을 내려야 맞을 것입니다.

국회가 대통령의 거수기 역할만 하는 '통법부'에 머물면 '국회해산'도 요구하는데, 여가부 해체가 필요하다는 그 목소리 자체가 잘못됐다고 생각하지는 않습니다. 다만 그러한 요구를 정교하게 정책적으로 담아내는 것이 이른바 '통치의 기술'이겠죠.

대선 국면에서 강하게 표출됐던 극단적 '젠더 갈등'을 비롯해 저출산·고령화의 위기도 여성가족정책 강화를 통해 풀어야 하는데, 윤석열 정부는 지난 2022년 10월, 여가부 폐지를 공식화했습니다.

이상민 행정안전부 장관은 "여성 불평등 개선에 집중했던 여성정책의 패러다임을 남녀 모두를 위한 양성평등으로 전환해야 할 시기"라며 이같이 밝혔습니다.

이와 관련해 김현숙 여가부 장관은 "조직개편안에 여가부 의견이 많이 들어갔다"며 "폐지가 전제 조건이기 때문에 보건복지부로 가지만, 독립된 본부로서 여성가족 업무는 그대로 하고, 노인·아동·인구 문제가 추가된다"고 밝히기도 했는데요.

여가부 장관이 '여가부 폐지' 기조에 의견을 같이하면서, 별다른 이견을 제시하지 못하는 상황이 된 것이죠.

'여가부 폐지' 내용이 담긴 정부조직 개편안은 여전히 국회에 계류 중이고 다수당인 민주당이 반대하는 상황이기 때문에, 제22대 총선에서 국민의힘이 과반 의석을 차지하지 않는 한 이명박 정부 때처럼 '정치적 구호'에 머물 가능성이 큽니다. 과반 의석임에도 '역할 축소' 정도로 마무리 될 수도 있고요.

존폐 여부를 떠나 이 같은 논란을 겪었다는 점에 대해, 여가부는 처절한 반성이 있어야 할 것입니다. 여성 정책 뿐 아니라 학대받는 아동·청소년 보호, 가족 해체 위기 속 관련 정책 개발 및 다문화 가정 지원, 성범죄 예방 및 범죄 피해자 보호와 각종 노인 문제 해결 등의 막중한 역할을 맡고 있음에도 '한가하게 민주당 대선 후보 공약 개발에 참여했다'는 비판까지 받았으니 말이죠.

여성단체에서는 지난 2020년 기준으로 194개 국가에 '성평등 정책 전담기구'가 설치돼 있고, 이 가운데 160개국은 독립부처 형태라며 '존치存置'를 강하게 주장합니다.

그런데 그 어떤 나라의 '여성부'가 위력 성폭력 피해자를 '고소인'이라고 칭하고, 특정 정당의 정책 개발에 참여하는지에 대해서도 함께 살펴볼 일입니다.

여가부가 반성의 모습도 함께 보여야만 '폐지를 재고再考해 달라'고 이야기할 수 있지 않겠습니까?

4 '정책 폐기'로 이어진 아쉬운 단어 선택

미국 시카고대학 교수이자 노벨 경제학상을 수상하기도 했던 밀턴 프리드먼Milton Friedman은 대표적인 '신자유주의 경제학자'입니다. 정부의 시장 개입을 비판하면서 시장의 기능 확대와 민간의 자유로운 참여를 역설했죠.

그는 정부의 주도적 역할을 강조하는 소위 '케인즈 경제학(Keynesian economics)'을 비판하면서, '샤워실의 바보(A fool in the shower room)'라는 비유를 들었습니다.

샤워실에서 물을 틀면 처음엔 찬 물이 나오는데 이를 못 참고 더운 물 쪽으로 수도꼭지를 확 돌리면 갑자기 뜨거운 물이 나오고, 놀라서 다시 찬물로 돌리는 그런 우스꽝스러운 상황을 거론하면서요.

프리드먼은 경기의 고점과 저점을 판단하는 게 쉽지 않고, 설령 운 좋게 정확한 판단을 했다 치더라도 정책 도입 과정에서 '골든 타임(golden time)'을 다시 놓쳐버리게 될 수도 있다고 했습니다. 즉, 정부의 섣부른 정책 관여가 '경기景氣 변동폭變動幅'을 오히려 크게 만들 수 있다는 지적이죠.

윤석열 대통령은 지난 2021년 7월 18일, 매일경제와의 인터뷰에서 프리드먼의 저서 『선택할 자유』를 소개하며, "먹었을 때 사람이 병에 걸리고 죽는 거면 몰라도, '부정식품'이라면 없는 사람들은 그 아래 것도 선택할 수 있게, 더 싸게 먹을 수 있게 해줘야 된다"며 "(형편이 안 되는 분들은) 햄버거를 50전센트짜리도 먹을 수 있어야 하는데, 50전 짜리 팔면서 위생 퀄리티quality는 5불짜리로 맞춰 놓으면 소비자 선택의 자유를 제한하는 것"이라고 했는데요. 이 내용이 기사화되면서 논란이 일었습니다.

'병 걸리고 죽는 거', '부정식품', '없는 사람'이라는 자극적인 단어에 초점이 맞춰지고, 윤 대통령이 하지 않은 말까지 더해지면서 이와 관련한 의견 수렴과 정책 개발은 더 이상 진행하지 못하는 수준이 돼 버렸습니다.

민주당은 물론이고 당시 국민의힘 내부 경쟁자조차도 '없는 사람들은 쓰레기 음식 먹고 죽으라는 이야기냐', '선택할 자유에는 음식 이야기가 없다', '프리드먼은 복지 정책도 이야기 했는데, 말을 가려서 들으라'며 목소리를 높였습니다.

윤 대통령은 최초 발언 2주 뒤, "어이없는 이야기"라며 발언 취지를 왜곡했다고 반박했습니다. 그는 "각종 행정사건에 대해 검찰이 수사권을 남용하지 않도록 억제해야 한다고 말하면서 검찰 재직 당시 이 책을 인용해 단속하지 말자는 논리를 제공했다는 것"이라며 "국민 건강과 직결되지 않는데 기준을 너무 높이고, 단속하고, 형사처벌까지 나아가는 것은 검찰권의 과도한 남용이라는 게 평소 생각"이라고 했습니다.

이와 같은 윤 대통령의 발언 취지만 냉정하게 놓고 보면, '과도한 규제를 줄여 경제적으로 넉넉하지 못한 분들의 식사 메뉴판을 넓혀드려야 한다'는 뉘앙스였을 것입니다.

먹어서 병 걸리고 죽는 게 아니라면, '규제 장벽에 따른 고비용 구조'를 개선하자는 것이겠지요. 프리드먼이 비유했던 '샤워실의 바보'의 경우처럼, 정부가 섣부르게 그리고 지속적으로 간섭하다 보면 결국 제대로 샤워를 할 수 없다는 생각과 함께 말입니다.

저는 백화점이나 마트에서 폐점 임박 시각에 줄을 서서 이른바 '떨이 음식'을 사본 기억이 많습니다. 평시에는 김밥 한 줄에 7~8천 원이고 떡볶이와 순대도 각각 7천 원 정도에 팔았는데, 마감 즈음엔 1만 원에 네 개를 구입할 수 있어서입니다.

마트도 영업 종료 시각이 임박해지면 김밥이나 치킨, 각종 고기류는 물론이고 '생선회'의 경우에는 가격이 반 값 이하로 내려가기도 합니다. 그런 시기 golden time 가 되면, '쟁탈전'이 벌어집니다.

그 당시 제가 구입 전후에 느꼈던 감정은, 유통기한이 임박해가는 '부정식품'을 구입했다는 생각보다 '합리적 소비'를 했다는 뿌듯함이 더 컸습니다. 아마도 그곳에 계셨던 모든 소비자들이 비슷한 감정을 느끼셨을 것입니다.

일부러 '그런 식품'을 구매하기 위해 늦은 시각에 백화점이나 마트를 찾는 분들도 상당수 계실 것 같고요.

'코로나19 백신'이 귀했던 시절, 유통기한이 임박했음에도 국내로 들여와 접종을 했던 '얀센 백신 Janssen Vaccine'을 맞기 위해 무던히 '잔여 백신 신청' 버튼을 눌렀던 기억도 생생합니다.

신청 버튼을 누를 때 '쓰레기 백신'이라는 생각은 단 1초도 해본 적이 없습니다. 도리어 실패에 따른 아쉬움이 남았을 뿐이었죠.

국회에서는 윤 대통령이 '부정식품' 인터뷰를 진행했던 그 달에 추가경정예산을 처리했습니다. 세부 항목을 보니, '방학 중 결식아동 한시적 급식지원비' 300억 원이 책정됐는데요. 향후 석 달 동안 8만 6천여 명의 아이들에게 끼니 당 5800원 씩 제공되도록 예산이 짜여진 것입니다.

그런데 '단 돈 5800원'을 가지고 '지자체별 1식 평균 값'에 단순 대입해 보면, 수도권과 부산·경남, 광주 전북 등에선 식사가 불가능했습니다. 6000원을 넘는 1식 평균 금액에 못 미치기 때문이죠. 반찬을 늘여놓은 식당이나 평시의 백화점은 물론이고, 마트에서도 김밥 한 줄 이상 먹기 어려운 금액입니다.

결국 편의점 등에서 심한 말로 '끼니를 때워야'만 하는 건데요. 편의점에서도 고기가 적당히 들어간 도시락에 음료수 하나 사기도 빠듯해, 초콜릿 같은 간식은 거의 언감생심 焉敢生心입니다.

이런 상황을 두고 정치권 일각에선 '현대판 노예제'라고 칭하기도 했는데요. 한창 클 나이에 간식은 고사하고 매번 제한된 메뉴를 먹을 수밖에 없는 상황이 너무 암담하고 아이들에게도 미안해서, 차마 그렇게까지 언급하고 싶지는 않습니다.

국회에서도 당연히 보다 많은 아이들에게 더욱 풍성하게 지원하고 싶었을텐데, 아무래도 예산이 한정되다 보니 어쩔 수 없었을 것입니다. 선택과 집중을 해야하니까요. 이런 상황에서 국민의 세금으로 월급을 받는 정치인이라면 아이들의 메뉴 선택지를 넓힐 그 방도를 찾기 위해 밤잠을 설쳐야 정상일 것입니다.

결과적으로 '부정식품'이라는 적절하지 않은 표현이 아이디어 자체를 죽여버린 셈인데요. 그 표현 하나가, 한정된 예산과 자원을 합리적으로 소비할 기회 자체를 앗아가는 것 같아, 당시에 개인적으로는 아쉬움이 컸습니다.

논의를 확장해 각 지자체 차원에서 백화점이나 마트, 대형 슈퍼에서 '먹는데 전혀 지장 없는 유통기한이 임박한 제품'을 저렴하게 구매해, 아이들 혹은 음식이 절실한 분들에게 무상이나 매우 저렴한 금액에 나눠드리는 방안을 찾았으면 어땠을까요?

아깝게 버려진 음식들은 결국 음식물 쓰레기로 전락하게 되는데, 여야가 머리를 잘 맞댔다면 환경까지도 보호할 수 있는 '윈윈 정책' 도입이 가능했을 텐데요.

국민들이 미처 생각하지 못했고, 숨은 의미까지 깨닫게 해주는 게 '잘 된 조어'입니다. 우리네 현실에 최대한 근접하면서도, 정치 지형으로 인해 파묻히지 않도록 하는 표현 말이죠.

미국의 프랭클린 루스벨트 대통령은 대공항의 길목에서 "우리가 두려워할 것은 두려움 그 자체"라는 표현을 써서 국민들의 마음을 흔들었습니다.

'잘 된 조어', '멋진 조어'로 아이들의 식판 크기를 보다 넓혀 주시길 기원합니다.

5 장관 평균 나이 60세, 공염불 된 '30대 장관'

윤석열 대통령은 대선 후보 시절 이었던 지난 2021년 12월 19일, '청년보좌역 공개 모집' 격려 방문 자리에서 "괜히 그냥 2030 표를 받으려 하는 게 아니라 제가 구상 하는 정부는 디지털 플랫폼"이라며 "청년, 젊은 사람들의 국정 참 여가 필요하다"고 했습니다.

그에 더해 "30대 장관 한 명이 아니라, 시스템 관리를 가장 잘 하는 사람이 결국 행정 부처를 맡게 되지 않겠느냐"며 "(제가 정권 을 잡으면) 30대 장관이 자동적으로 많이 나올 것"이라고도 했습 니다.

그러면서 "모든 부처에 아주 많은 (청년) 인원을 참여시킬 생각" 이라며 "단순한 보좌관이 아니고, 청년들이 그야말로 주요 직책 맡 게 될 것"이라고 덧붙이기도 했습니다.

'윤석열 후보'의 이와 같은 발언이 전해진 뒤, 소위 MZ세대에선 들썩였습니다. 언론에서 연일 MZ세대 관련 이야기를 보도하고,

정치인들은 MZ세대 관련 공약들을 쏟아내니 "드디어 우리들의 세상이 오는 구나"라고 생각했던 것입니다. 2030세대가 전체 유권자의 1/3을 차지하면서도 이제껏 홀대를 받았는데, 이제야 제대로 된 대접을 받는다면서요.

그런데 당선 이후의 상황은 MZ세대가 기대했던 것과 큰 차이가 났습니다. 윤석열 정부 출범에 앞선 '윤석열 당선인' 시절부터 그런 분위기를 바로 느낄 수 있었습니다.

대통령직 인수위원 24명 가운데, 소위 2030세대는 없었습니다. 인수위원 평균연령은 57.6세였고, 이른바 '서오남(서울대 나온 오십대 남성)' 위주라는 지적도 받았습니다. 윤 후보가 약속했던 것과 괴리가 컸던 만큼, 그를 지지했던 2030세대의 충격은 컸습니다.

대선 직전까지만 해도 국민의힘과 윤석열 후보에 대한 2030세대의 지지율은 민주당의 그것보다 지속적으로 높았는데, 1기 국무위원 발표가 마무리 된 뒤 지지율은 뒤집혔습니다.

'윤석열 1기 내각' 평균 연령은 60.5세로 더 높아진 데다, 약속했던 '30대 장관'은 고사하고 '40대 장관'도 1973년생으로 만49세였던 한동훈 법무부 장관이 유일했던 상황 등이 반영된 결과입니다.

지난 1987년 이른바 '87체제' 이후 역대 최연소 장관은 지난 2014년 임명된 김희정 여성가족부 장관(만43세)입니다. 지난 2003년 법무부 장관이 된 강금실 전 장관(만46세)이 그 뒤를 잇고요.

그런데 이 분들보다도 고령인 데다, '한동훈'이라는 이름을 감안하면 40대를 기용했다기보다 '믿을맨'을 기용한 측면이 더 크기에 기대가 실망으로 뒤바뀐 것이죠.

윤 대통령은 대선 국면에서 "세대 간의 기회불평등도 공정을 위협하는 요소"라고 지적했는데요. 청년들이 그들의 꿈과 희망을 지속적으로 품을 수 있는 사회를 만드는 것이 기성세대의 책무라는 주장에도 동의하실 것으로 생각됩니다.

지난 2023년 7월 초, 여당 지지율은 30%선이 붕괴됐습니다. 한길리서치가 2023년 7월 8~10일, 전국에 거주하는 만 18세 이상 1021명을 대상으로 '정당 지지도'를 조사한 결과 국민의힘은 28.8%, 민주당은 34.7%로 나타났습니다. 직전 조사 대비 국민의힘은 3.4% 포인트 떨어졌고, 민주당은 3.1% 포인트 올랐습니다. 특히 30대의 지지율은 민주당이 33.2%, 국민의힘은 24.0%였습니다. 격차가 거의 10% 가까이 벌어졌습니다.

장 자크 루소는 그의 저서 『에밀』에서 "갓난아기의 최초 울음은 도움 요청이다. 하지만 주의를 기울이지 않으면 곧 명령으로 바뀐다. 도움을 요청하는 것에서 지시로 바뀌는 것이다. 처음엔 자신의 나약함 때문에 의타심依他心이 생기지만, 점차 권력과 지배의 개념이 싹트게 된다"고 했죠?

지난 2022년 겨울부터 서울 강서구와 인천 미추홀구 등 수도권을 중심으로 전국을 강타한 '전세사기' 사건 피해자 가운데 절반 이상이 2030세대였습니다. 부동산 거래 경험이 적고 가진 돈도 많지 않았던 사회 초년생들이 '사기'의 주된 표적이 되면서, 기성세대에 대한 불신과 반감은 한층 커졌습니다.

장관 평균 나이 60세, 공염불 된 '30대 장관'

만약 그 당시 30대 장관급이 한 명이라도 있었다면, 국무회의에서 2030세대의 절박함에 대해 보다 구체적이며 종합적으로 설명할 수 있었을 것이란 생각이 듭니다.

대통령실에서는 2023년 6월 말, '올림픽 금메달리스트'이자 만 39세인 장미란 용인대 체육학과 교수를 문화체육관광부 제2차관에 임명하면서 '30대 차관'이라고 의미를 부여했습니다. 지난 1977년 서석준 경제기획원 차관(만 39세) 이후, '역대 최연소 차관' 타이기록을 세웠다면서요.

그런데 '용산 대통령실'에서도 알고 있을 것입니다. 장 차관은 '30대 차관'이라기보다 '역도 영웅'이라는 호칭이 더 어울리는 차관이라는 사실을요.

이에 더해 윤 대통령이 "괜히 2030 표를 받으려 하는 게 아니라 제가 구상하는 정부는 디지털 플랫폼"이라며 "30대 장관이 자동적으로 많이 나올 것"이라고 했던 약속과 여전히 거리감이 있다는 사실도요.

국민들은 공약 이행 '결과'에 대해서도 눈 여겨 보지만, 그에 못지않게 '과정'과 '실행 의지'도 차분하게 지켜봅니다. 당장 30대 장관이 임명되지 않더라도, 2030대의 목소리에 더욱 귀를 기울이고 그 세대의 고민 지점에 대해 함께 고민하는 모습을 더 보인다면 그들의 '격앙된 마음'이 다소나마 꺾일 수도 있지 않을까요?

6 고3 수험생들 울리는 정치권

　　　　　　　　　적이 누구든 그 상대를 정확하게 파악하는 명석한 군주와 충직하고 용맹한 장수가 한 마음으로 진鎭을 치고 있다면, 어떠한 두려움도 들지 않을 것입니다.

　그럼에도 적군의 수가 압도적으로 많아 직접 상대하기에 힘이 부친다거나, 전방위적으로 공격을 받아 방어할 손이 부족할 때 어떤 방식으로 적군을 제압해야 할까요?

　'차도살인借刀殺人'은 다른 사람의 칼을 빌려서 적을 없앤다는 뜻의 계략計略으로, 아군의 힘을 쓰지 않은 채 다른 사람의 손으로 정적을 제거하는 이간계離間計의 한 전형입니다. 성패는 지략을 얼마나 잘 쓰느냐에 달려있죠.

　동서고금을 막론하고, 규모가 큰 전투에서는 거의 간첩이 활용됐습니다. 『손자병법孫子兵法』의 저자인 손자도 '간첩 활용의 중요성'을 강조하는 '용간用間' 편으로 자신의 대표작을 마무리하지 않았습니까?

각종 선거, 혹은 국정운영 과정에서도 이와 같은 병법은 그 형태가 다를 뿐 '기본 개념'은 차용돼 왔습니다. 엉켜있는 실을 풀려면 주먹다짐으론 안 되고, 다섯 손가락을 모두 사용하면서 세심하게 다뤄야 하기 때문이죠.

선거는 마치 물水을 다스리는 것과 같다는 말씀을 많이 하시는데요. 상대의 기세가 폭포수처럼 강하면 물길을 다양하게 만들어 전력을 분산시킬 수 있도록, 길을 사방으로 터야만 승리에 이를 수 있습니다.

반면 상대 진영이 '잔잔한 호수'처럼 분쟁거리가 없다면, 인위적으로라도 '출렁임'을 만들어야 적진을 혼란스럽게 만들 수 있고요.

'허상虛像'을 만들어 상대를 속이는 계책이 효과적일 때도 있습니다. 실제로는 아무것도 없지만, 일종의 허수아비를 만들어 마치 뭐가 있는 것처럼 보이라는 뜻의 '무중생유無中生有'의 계략이 바로 그것이죠. 가상의 이념이나 적을 만들어 이들을 상대방과 동일시하는 계략은 가짜를 얼마나 진짜처럼 만드느냐가 핵심입니다.

2023년도 대학수학능력시험을 다섯 달 앞둔 지난 2023년 6월, 이른바 '킬러 문항'을 둘러싼 논쟁이 뜨겁게 벌어졌습니다.

도저히 고등학교 3학년생들이 풀 수 없는 '꼬일 대로 꼬여 있는 지문과 문제'가 수능에 출제되는데, 수능 출제위원들과 대형 입시학원 혹은 스타 강사들과의 '카르텔'이 이와 같은 상황을 야기하고 있다는 정부의 '문제 제기' 이후에요.

윤석열 대통령은 이런 상황에 대해 "약자인 우리 아이들을 가지고 장난치는 것"이라며 "수십만 명의 수험생들을 대상으로 한 부적절하고 불공정한 행태"라고 비판한 것으로 알려졌습니다.

당시 윤 대통령 발언의 핵심은 '장난'이었습니다. 그런데 교육부에서 그 의미를 제대로 전달하지 못 해 '킬러 문항'이 돼 버렸습니다. 그렇게 되니 야당이 '변별력 없는 물수능' 우려를 제기할 공간이 생기게 됐고요.

야당은 수능을 코앞에 둔 상황에서 열심히 공부하고 있던 수험생들에게 혼란을 야기했다고 지적했고, 특히 이주호 교육부 장관의 "(윤 대통령이)입시 수사를 여러 번 하면서 상당히 깊게 고민하고 연구해서, 제가 많이 배우는 상황"이라는 발언을 두고 '아부의 극치'라고 비판했습니다.

정부는 논란이 커지자, "과도하게 꼬여있거나, 아무리 읽어도 이해가 안 되는 지문을 배제한다"는 것이지 "변별력은 떨어뜨리지 않는다"며 진화에 나섰습니다. 하지만 이미 온라인상에서의 '전장戰場'이 확장될 대로 확장된 상태였기 때문에, 커진 불길을 다잡는 데에는 한계가 있었습니다.

지난 2018년에는 수능 하루 전 날, 경북 포항에서 규모 5.4도의 지진이 발생해 시험이 일주일 연기된 바 있습니다.

포항 지역 다수의 시험장에 균열이 발생할 정도의 큰 재난이었기 때문에 김상곤 당시 교육부 장관은 시험 전 날 저녁 8시 20분에 급히 '연기'를 결정해 발표했는데요.

당시 전국 59만 3527명의 수험생들과 학부모들은 큰 불편을 감수하면서도, 오롯이 지진 피해를 걱정했습니다. 저녁 8시 20분이라 예비소집은 이미 마친 상태였고, 일찍 잠자리에 든 수험생들도 있었는데 큰 소동이나 소요는 없었습니다.

특히 장거리 수험생들이 겪은 유무형의 피해는, 집 근처에서 시험을 보는 수험생들에 비해 더더욱 컸을 텐데도 정부 결정을 탓하는 목소리는 찾아볼 수 없었습니다.

물론 이와 같은 국가적 재난과 '킬러 문항' 논란을 직접 비교할 생각은 없습니다. 직접 비교해서도 안 되는 부분이고요.

하지만 '수능 전 날 긴급 발표'에도 전체 수험생들과 학부모의 동요가 없었던 것을 비춰보면, 교육부가 수능 변별력을 그대로 유지할 것이라고 밝힌 만큼 수험생들이 시험 준비에만 집중할 수 있도록 지도하는 것이 교육자의 도리 아닐까요? 이는 정치권도 마찬가지고요.

7 '탑건' 매버릭의 파트너, '코드1' 尹의 파트너

제가 '매버릭(maverick)'이라는 단어를 처음 접하게 된 건 '멜 깁슨' 주연의 영화 '매버릭1994'를 보면서였습니다.

영어사전을 봐서도 알 수 있었지만, 영화를 통해서도 '개성이 강한 독립적인 사람'이라는 느낌을 전해 받을 수 있었습니다.

그러다 고등학교에 진학하고 비로소 톰크루즈 주연의 영화 '탑건1987'을 보게 됐습니다. '미션 임파서블1996'과 '제리 맥과이어1997'를 보고난 이후, 그의 연기에 매료돼 예전 영화까지 찾아 본 덕분이죠.

영화 '탑건Top Gun'은 주인공인 '피트 미첼 대위(톰크루즈 분)'과 그의 유일한 친구이자 당시 해군의 최신 전투기인 F-14기를 함께 몰던 파트너 '구즈(안소니 에드워즈 분)'를 중심으로 이야기가 전개됩니다.

영화 중간쯤 미첼 대위가 몰던 전투기가 비행 훈련 도중 제트

기류에 빠지면서 엔진 고장을 일으키고, 이때 함께 탈출을 시도했던 구즈가 불행하게도 목숨을 잃게 되는데요.

미첼 대위는 파트너의 죽음에 충격에 빠지고 이후 파일럿의 꿈은 물론이고 사랑하던 연인까지 모두 포기하려 했지만, 결국 실전에서 슬럼프를 극복하고 꿈도 사랑도 모두 되찾고 명실상부 최고의 전투기 조종사인 '탑건'으로 거듭나는 게 핵심 줄거리입니다.

여기서 '매버릭'은 미첼 대위의 전투 헬멧에 쓰여 있는 '콜사인(무전 호출부호)'입니다. 파트너의 '판단'은 물론 상관의 '명령'보다 자신의 '감각'을 더 중요시할 정도로 제멋대로지만, 그럼에도 비행 능력은 가히 '당대의 천재' 소리를 듣는 최고의 파일럿에 대해 극중의 배우들은 물론이고 관객들 모두 '매버릭'으로 불렀죠.

한동안 잊고 있던 콜네임 '매버릭'을 2022년 3·9 대선이 끝난 이후 곳곳에서 접할 수 있었습니다. 우선 당시 대선 결과를 보도하는 과정에서, 외국 언론에서 '윤석열 대통령 당선인'에 대해 '매버릭'이라는 단어를 사용하면서 소개했습니다.

대선 바로 다음 날 미국 정치 전문 매체 '폴리티코(Politico)'는 윤석열 대통령을 매버릭(South Korea's 'maverick' new president)이라고 칭했습니다.

대선 닷새 뒤 미국 워싱턴에 위치한 세계적 싱크탱크 '카네기국제평화재단' CEIP 홈페이지에 이정민 아시아 프로그램 선임연구위원이 올린 글에도 "윤석열 당선인은 국내외에서 거대한 도전에 직면해 있지만, 그는 이익집단뿐 아니라 정치적 보스들이나 파벌들에 신세지지 않은 정치적 매버릭"이라고 적시돼 있습니다.

기본적으로 특정 정당에 몸 담지 않은데다 '국민의힘'에 입당한 것을 두고도 "부득이하게 입당했다"고 밝혔고, 민주당 출신의 전직 대통령을 "존경한다"고 이야기하는 그를 '여덟자'로 짧게 표현하기에는 이만한 단어가 없었을 것입니다.

이로부터 석 달 뒤에는 영화 '탑건, 매버릭2022'이 개봉하고, 톰 크루즈가 홍보를 위해 한국을 찾으면서 매버릭이라는 단어를 또 다시 접할 수 있었습니다.

마침 과거의 향수, 젊은 날의 추억까지 함께 전해줄 수 있는 '매버릭'의 개봉은 윤 대통령에게는 예상 못 한 '가외 수익'이었습니다.

이런 상황들을 의식한 듯, 윤석열 대통령은 2023년 4월 28일 미국 워싱턴DC의 중심부 '캐피톨 힐(Capitol Hill)'에 위치한 의사당에서 열린 한미 70주년 기념 상하원 합동의회 연설에서 다음과 같이 연설했습니다.

"탑건·어벤져스와 같은 수많은 할리우드 영화가
이미 오래전부터 한국에서 엄청난 사랑을 받아왔습니다.
저도 탑건 매버릭을 굉장히 좋아하고 미션임파서블을 굉장히 좋아합니다.
(Hollywood films "Top Gun" and "the Avengers" are loved by Koreans.
I also love "Top Gun: Maverick" and also "Mission Impossible")"

'탑건' 매버릭의 파트너, '코드1' 尹의 파트너

정치권에 오래 몸담지 않아 곳곳에 갚아야 할 채무가 없는 '매버릭 윤석열'이기에, 오히려 풀기 어려워 보이는 '난제難題' 해결도 가능할 것이란 관측도 있는데요.

사실 대통령직은 '국리민복國利民福'을 지향하는 자리로, 전직 대통령들 모두 '정책의 우선순위'가 달랐을 뿐 나라의 이익과 국민의 행복을 아우르려 했을 것입니다. 마치 '매버릭'을 비롯한 모든 전투기 조종사들이 최고의 '탑건'이 되고 싶었던 것처럼요.

윤 대통령 역시 비행 중 위기가 발생할 때마다 시의적절時宜適切한 대책을 강구했던, 최고의 탑건인 매버릭과 같은 실력을 보여줘야 할 텐데요. 혼자 외롭게 뛰는 것보다 매버릭의 뒷자리에 앉아 전투기 후미쪽 시야를 확보했던 '최고의 파트너' 구즈와 같은 뛰어난 참모가 필요할 것입니다.

DJ 곁에서 내각을 총괄하고 중심을 잡아줬던 김종필·박태준 총리, 노무현 정부의 청와대에서 이라크 파병이 필요하다고 소신 발언을 했고 결국 관철해낸 반기문 외교·김희상 국방보좌관과 한미 FTA 추진의 밑거름을 마련하는데 큰 역할을 했던 김병준 정책실장, 이명박 정부 최장수 국무총리이자 연평도 전사가 1주기 추모식에서 경호원의 우산을 물리치고 40분 간 장대비를 맞으며 젊은 병사들의 희생을 눈물로 추모했던 김황식 총리 같은 분들 말이죠.

사실 이명박 전 대통령도 대권 도전에 나섰을 때 '메버릭' 윤 대통령 만큼이나 외로웠습니다. 초반에는 당내 우군도 많지 않았고, 조직도 없었습니다. 이 때 '1호 현역 의원'으로 이름을 올린 분이 고

(故) 정두언 전 의원이었죠.

정 전 의원은 공식적인 대선 전략보고서 제목을 '겨울바다에서 고래잡기'로 달았는데요. 대선이 치러지는 '12월 19일(겨울)'에 '대어(당선)'를 낚아 올리자는 의미였습니다. 결국 그의 바람대로 겨울에 대어는 낚았습니다만, 다들 알고 계시는 대로 그 관계의 끝은 좋지 않았죠.

정치는 불필요한 두 개를 내주면서까지 꼭 필요한 한 개를 얻어야만 할 때도 있고, 때를 기다리면서 한두 번이 아니라 심지어 세 번까지도 져주면서 상대 진영에게 끌려가는 모습을 보여야 할 때도 있습니다. 그래야만 국민들이 '힘을 보태줘야겠다'는 생각도 하게 되는 것이고요.

비정치인이자 검사 출신의 '매버릭' 윤 대통령에게 이와 같은 정치력을 더해줄 수 있는 인물이라면 더 없이 좋은 '최고의 파트너'가 될 수 있을 것이란 생각이 듭니다.

윤 대통령보다 더 '사람에 충성'하지 않으면서, 꼭 필요한 부분에 대해 대통령 앞에서 소신 발언도 적절히 할 수 있는 분이라면 더욱 좋겠고요. 그래야만 '매버릭 대통령'의 장점이 더 부각될 테니까요.

8 소통령 한동훈

　　　　　　　　　　　　　　　　오스트리아의 지휘자이자 작곡가인 '요한 스트라우스'의 곡처럼 화려하고 풍성한 봄빛의 '오스트리아식 왈츠'는 아니지만, 러시아의 천재 작곡가인 '쇼스타코비치(Dmitrii Shostakovich)'의 왈츠는 슬픈 가락임에도 멜로디가 친숙하게 귓전에 감깁니다.

　　장엄하고 무겁지만 어느새 친숙하게 다가오는 왈츠(Waltz), 이게 바로 윤석열 정부가 가야 할 길이라는 생각이 듭니다. 사랑스런 아이들과 우리 후손을 위해서 다소 슬프고도 무거운 내용을 전해야만 할 때라도, 쇼스타코비치의 왈츠처럼 귀에 감기는 친숙한 멜로디로 접근하면 어떨까 싶어서요. 이는 결국 '소통 방식의 문제'로 귀결되겠지요.

　　미국의 제44대 부통령인 댄 퀘일은 지난 1992년 6월 15일, 북동부 대서양의 뉴저지New Jersey주 트렌턴Trenton에 위치한 '무노스리베라 초등학교Luis Muñoz-Rivera Elementary School'를 찾았는데요. 당시 12살 된 한 학생이 감자의 철자를 'potato'라 적자, 친절하게도 'potatoe'라고 수정해줬습니다. 20세기 중반까지는 'potatoe'라는 철자가 사용되기도 했지만, 1990년대 들어 사실상 고어古語 취급을 받는 철자법綴字法이 됐는데도 말이죠.

앞서 각종 말실수와 횡설수설로 상대 진영과 반대 매체로부터 조롱과 멸시를 받아온 그였기에 이른바 'potatoe 관련 구설'에 속수무책으로 당할 수밖에 없었습니다.

이 때문에 댄 퀘일은 졸지에 '영어도 못하는 부통령' 소리를 들어야 했는데요. 그런데 훗날 뒤늦게 알려진 사실은 당시 학교에서 배부한 단어 카드에 'potatoe'라고 잘못 쓰여져 있었다는 점입니다.

'그런 카드'를 받아든 퀘일은 뭔가 불편함을 느꼈지만, 학생들을 직접 가르치는 학교 측에서 전달한 카드이기에 무조건 신뢰해야 한다는 판단에 학생의 '오타 아닌 오타'를 수정해주려 했다가 졸지에 봉변을 당한 것이죠.

당시 퀘일은 온갖 조롱을 받으면서도, 이 일로 교사를 비난하거나 변명한 적이 없이 의리를 지켰다고 합니다. 이 사건으로 전국적으로 멍청이로 낙인찍히고 이미지를 회복할 기회를 다시는 얻을 수 없었지만 말입니다.

제목에서부터 짐작하셨겠지만, 제가 '쇼스타코비치의 왈츠'와 미국의 댄 퀘일 전 부통령을 앞서 언급한 것은 사실상 '대한민국의 소통령小統領'으로 불리는 한동훈 법무부 장관에 대해 이야기 하기 위해서입니다.

사실상 윤석열 정부의 대표 부처이기도 한 '법무부法務部'는 문자 그대로 법무 행정의 사무를 총괄하는 곳입니다. 'Ministry of Justice'라는 영문명처럼 이 땅에 정의와 공정을 뿌리내리게 하는 사법기관이기도 합니다. 설립 취지를 이행하기 위해, 필연적으로 각종 '범죄와의 전쟁'도 도맡아 벌이게 됩니다. 참으로 무겁고 어두운 조직이기도 하죠.

하지만 쇼스타코비치의 왈츠처럼, 어둡고 슬픈 가락도 친숙하게 다가올 수 있습니다. 마치 한동훈 법무부 장관이 국회 대정부질문 자리에서 '세상을 눈 대신 밝고 선한 마음으로 바라보는' 국민의힘 김예지 의원에 대해 "의원님, 한동훈 장관 나와 있습니다"라고 이야기했던 것처럼요.

일반적으로 한 장관의 언행을 보면, 각종 논쟁이 벌어지면 '지고는 못 사는 성격'처럼 느껴집니다. 사람과 사람사이의 관계에서 '100전 100승'을 거두기는 매우 어렵고, 설령 그런 승패가 나올 수 있다고 해도 매번 주위 사람들을 이기려 들면 결국 주변 사람들이 하나 둘씩 떠나갈 것입니다.

그렇기 때문에 이길 수 있지만 가끔은 일부러 져주고, 전후 상황을 뻔히 알면서도 속아주고, 억울한 상황에서도 상대를 배려해 대신 욕을 먹어주기도 합니다. 미국의 전 부통령 '댄 퀘일'처럼요.

"조목조목 따져가며 하나하나 반박하고, 상대를 곤경에 빠뜨리는 적절한 '반문反問' 등을 보면서 사이다 같이 속이 시원해졌다"며 한 장관을 응원하던 분들 가운데, 매번 비슷한 상황이 지속적으로 연출되자 "이제는 일종의 피로감을 느낀다"는 분들이 조금씩 생겨나기 시작한 부분도 염두에 둬야겠지요.

미국의 정치인으로 일명 '건국의 아버지들(The Founding Fathers)' 가운데 한 명으로 꼽히는 벤자민 프랭클린Benjamin Franklin이 노년에 언급했던 "모든 논쟁과 토론에서 승리하는 사람은, 사실 스스로 지고 있는 셈"이라는 말과, 미국 프랭클린 루스벨트 대통령의 아내인 '엘리너 루스벨트 여사'가 했던 "패배보다 승리 때문에 몰락하는 사람이 더 많다"는 이야기도 한 장관의 언행과 맞물려 자주 들리고요.

한 장관이 법무부 장관직에만 머문다면 모르겠지만, 만약 정치권으로 넘어간다면 큰 선거를 직접 진두지휘 하면서 민심民心을 구해야 할 텐데요. '한동훈의 언어 코드'가 과연 대중 전반의 마음을 얻어낼 수 있는지 고민이 더 필요할 것이라는 조언들입니다.

미국의 영화감독 우디 앨런은 "한 번도 실패하지 않았다는 건, 새로운 일을 전혀 시도하고 있지 않다는 신호"라고 했는데요. 바꿔 말하면 새로운 일에 적응하는 것은, 그만큼 어려움이 많다는 이야기일 것입니다.

'대한민국 최고의 법조 엘리트'로 꼽혔던 이회창 전 한나라당 총재가 DJ에게 패했고, DJ의 세 아들이 구속된 가운데 '바보 노무현'에게 더 큰 격차로 또 다시 패했던 과정들을 살펴보면 답을 구할 수 있을 것입니다.

지난 1982년 '포틀랜드 전쟁' 당시 마가릿 대처Margaret Hilda Thatcher 영국 총리는 각료회의에서 "선택의 여지는 없다(There Is No

Alternative)"며 단호하게 맞선 끝에, 결국 이겨내 '철의 여인(The Iron Lady)'이라는 영광스런 별칭을 얻기도 했는데요.

　차제의 대한민국 정치 상황을 보면, 국회에 제출된 정부 법안이 부결되고, 인사청문회 절차가 줄줄이 사문화되는 게 다반사입니다. 통합의 정치가 사라진 '대의민주주의의 위기 상황' 타개를 위해 '대처 식 대처'이자 '한동훈 장관식 대처'로도 보이는 'TINA' 보다, 절묘한 타협의 기술이 나라를 이끌어가는 데 더욱 효과적이지 않겠습니까?

　독일의 철학자인 쇼펜하우어Arthur Schopenhauer는 "삶이 불행해지지 않을 수 있는 가장 확실한 방법은 너무 행복해지기 위해 애쓰지 않는 것"이라고 했는데요. 이를 조금 차용해, "정치인 한동훈의 삶이 불행해지지 않을 수 있는 가장 확실한 방법은 너무 이기려고 애쓰지 않는 것"이라고 해보면 어떨까요?"

9 "선거 져도 건전 재정하겠다"는 정치 실험

'거안사위居安思危.' '편안할 때일수록 위험에 더 대비해야 한다, 언제든 위태로워질 수 있다'는 뜻의 사자성어인데요. 과거의 성공에 안주하지 않고 매 순간 위기에 대비한다면, 아무리 경쟁이 치열해도 매번 승리로 가는 길목에 위치할 수 있다는 가르침입니다.

편안함은 위기를 보지도, 느끼지도, 예측하지도 못하게 하는 일종의 마약입니다. 편안함에 취해 나라를 위태롭게 만든 위정자들은 동서고금의 역사에서 수없이 봐왔습니다.

과거에 승리할 수 있었던 이유, 혹은 패배할 수밖에 없었던 배경을 반드시 파악해야만 '앞으로의 또 다른 승부'에 효과적으로 대비할 수 있습니다. 자기의 공과를 정확하게 인식하고, 보완하는 사람만이 지속적으로 발전할 수 있기 때문이죠.

조선의 학자이자 문신인 '율곡 이이'는 지난 1583년 48세의 나이로 병조판서에 임명된 뒤, 임금에게 '시무육조時務六條'를 올렸는데요. 그 내용 가운데에는 십만 명의 군사를 양성해야 한다는 개혁안(十萬養兵說)도 담겨 있었습니다. 시기적으로 볼 때, 임진왜란이 일어나기 십 년 전쯤의 일이었죠.

하지만 안타깝게도 십만 대군을 양성해 온갖 침략을 대비하자는 이 건의는 끝내 무산됐습니다. 이이가 양병養兵의 정예화를 건의하면서, 어떤 근거에서 '10만'이라는 숫자를 구체적으로 언급했는지에 대해서는 설이 갈리는데요. 십만양병 제안 및 무산 과정에서, 최소한 두 가지는 유추가 가능해 보입니다.

첫째 당시 정예군이 십만도 되지 않았다는 것, 둘째는 그런 상황에서도 편안함에만 취해 있다면 훗날 큰 화를 겪게 된다는 것입니다.

과거 임금에게 상소를 올리고 국가 운영과 관련한 건의를 하는 사람들은, 지금으로 치면 국무위원이나 청와대 고위직 공무원 정도로 볼 수 있을 텐데요. 아마도 광역단체장, 국회의원, 기초단체장, 광역·기초의회 의원과 이들의 보좌진들을 전부 포함하면 10만 명 가까이 될 듯합니다.

꼭 총칼을 들고 싸우는 전쟁이 아니더라도, 제대로 된 십만 정예군이 나라를 위기에서 구할 수 있다는 건의는 예나 지금이나 마찬가지로 보입니다.

관건은 역시 예산豫算일 것입니다. 넉넉한 예산이 뒷받침 돼야만 오만이든 십만이든 정예군 육성이 가능하겠지요. 이 때문에 기획재정부 장관과 부처 예산실장을 비롯해 국회 예산결산특별위원장과 여야 간사, 위원들이 '핵심 키Key'를 쥐고 있다고 볼 수도 있는데요.

윤석열 대통령은 지난 2023년 6월 28일에 열린 국가재정전략회의에서 "우리가 나라를 정상화해 나가는 과정에서 제일 중요한 것이 재정"이라며 "꼭 필요한 부분에만 돈을 쓸 수 있도록 장관들이 예산을 꼼꼼하게 봐달라"고 주문했습니다.

윤 대통령은 "선거에서 지더라도 건전재정을 해야 한다"며 "예산을 얼마나 많이 합리화하고 줄였는지에 따라, 각 부처의 혁신 마인드가 평가될 것"이라고도 했습니다. 불필요한 예산 소요를 대폭 줄여나가면서, 꼭 필요한 부분에 넉넉하게 사용할 것이라는 의미도 함께 담았는데요.

그는 "인기 없는 긴축 재정, 건전 재정을 좋아할 정치권력은 어디에도 없다"면서도 "나라를 위해 건전재정, 조금 더 이해하기 쉬운 말로 '재정 다이어트'를 해야 한다. 표를 의식하는 매표 복지 예산은 철저히 배격해야 한다"고 밝히기도 했습니다.

제가 정치부에 몸담았던 근 15년의 기간 동안, 선거를 앞두고 이와 같은 발언을 한 대통령은 단 한 명도 없었습니다.

차제此際의 대한민국은 국가 채무가 눈덩이처럼 쌓여가는 상황에서 경제성장률과 경기 전망 모두 먹구름마저 끼어 있고, '한미 간 금리 격차'는 점점 더 벌어져 외국인들의 투자금이 이탈할 가능성 또한 점차 커지고 있는 그야말로 '총체적 난국'인데요.

이런 상황을 감안하더라도, 내년 총선 승리가 절대적으로 필요한 대통령의 입장에서는 정말 하기 힘든 발언이었을 것입니다.

역대 대통령들은 선거를 앞두고 인위적인 방식을 쓰는 한이 있더라도, 시중에 돈을 풀어 경기를 부양시켰습니다. 돈을 풀어야 곡간이 넉넉해지면서 세간의 인심이 좋아지고, 그런 분위기가 형성돼야 선거 결과가 여당에 우호적으로 나타날 수 있다는 인식의 흐름에 따라서요.

그런데 윤 대통령의 "선거에 져도 건전 재정하겠다"는 발언을 전해 듣고 '메버릭'이라는 별명이 왜 나왔는지, 다시 한 번 떠올릴 수 있었습니다.

실제로 제22대 총선 때까지 인위적 경기 부양을 하지 않을지, 그리고 그 결정이 선거에 어떻게 반영될지 '메버릭 윤석열'의 '정치 실험' 결과가 굉장히 궁금한데요. 편안해도 위험에 대비해야 하는데, 편치 않는데도 '돈 좀 땡겨쓰자'는 안일함은 이제는 정말 지양해야 하지 않을까요?

10 멈춰버린 대통령의 '인사'

이 장에서는 또 다른 '인사人事' 이야기를 해볼까 합니다. 윤석열 대통령이 '다변多辯'이라는 것은 굳이 부연하지 않아도 다들 알고 계실 것 같은데요. 기본적으로 말하기를 즐기는 데다, 소위 잡학雜學에도 능하기 때문에 주제를 가리지 않고 사람들 앞에서 이야기하는 것을 주저하지 않아서일 겁니다.

주로 상대방의 이야기를 묵묵하게 듣고, 가끔씩 고개만 가볍게 끄덕이던 문재인 전 대통령과는 상당히 대비되는 스타일이죠.

이 같은 성향이 반영돼, 초유初有의 현직 대통령 출근길 인사인 '도어스테핑(doorstepping)'으로 구현됐던 것으로 보여집니다.

지난 2022년 5월 10일, 윤 대통령은 취임사에서 '통합' 관련 내용이 빠진 것에 대해 "우리의 정치 과정 자체가 국민 통합의 과정"이라는 추가 메시지를 '도어스테핑'을 통해 건넸습니다. 취임 100일 기자회견에서도 "도어스테핑은 제가 용산으로 대통령실을 옮긴 가장 중요한 이유"라며 주된 관심사라는 뜻을 밝히기도 했고요.

출근길 인사가 늘 순탄했던 것만은 아니었습니다. 지난 2022년 7월 5일, 윤 대통령은 '송옥렬 공정거래위원장 후보자, 박순애 신임 사회부총리, 김승희 전 보건복지부 장관 후보자 등에 대한 부실 인사·인사실패 지적이 있다'는 질문에 "전 정권에 지명된 장관 중에 그렇게 훌륭한 사람 봤어요?"라고 말해 논란이 일었습니다.

윤 대통령 특유의 '직설 화법直說 話法'에 대해 호불호가 갈리는 상황에서, 이 같은 답변 태도는 주로 반대하는 쪽에서 비판 소재로 자주 사용됐습니다.

만약 당시 질문한 기자에게, "기자님도 잘 아시겠지만, 인사를 하다 보면 예기치 못한 부분으로 인해 어려움을 겪습니다. 혹시 추천해주실 만한 훌륭한 분을 말씀해주시면, 인사에 적극 반영하겠습니다. 기자님들께서 좀 도와주세요"라고 했다면 어땠을까요?

현장 분위기가 많이 달라질 수 있지 않았겠습니까? 그런 차원에서 아쉬움이 많이 남았습니다.

야당에서는 이런 '호재好材'를 그냥 넘어가지 않았습니다. 민주당 원내대표는 "도어스테핑인지 기자들에게 출근 도장을 찍는 도어스탬핑인지 분간이 안 간다"고 평가 절하했습니다.

기자들과 적극 소통하겠다는 취지에서 시작된 만큼, 노골적으로 '하지 말라'는 주장은 할 수 없었기에 '제대로 못할 거면 하지 말라'는 쪽으로 방향을 잡을 수밖에 없었지요.

결국 도어스테핑은 지난 2022년 11월 18일 61번째 '출근길 인사'를 끝으로, 언제 다시 재개할 것이란 기약 없이 '잠정 중단'된 상태입니다.

윤 대통령의 도어스테핑은 역대 대통령의 비밀주의와 엄숙주의는 깨뜨렸지만, 진행 과정에서 일부 잡음이 발생하는 등 화자와 청자 사이에 '적잖은 숙제'도 남겼죠.

사실상 '도어스테핑 중단'의 직접적 계기가 된 MBC 취재진과의 '설전' 이후, '윤 대통령이 출근길 인사를 건넨 1층 로비'에는 가림막이 설치됐습니다. 눈에 보이지 않는 '장벽'뿐 아니라, 눈에 보이는 가림막까지 더해진 것이죠.

대통령실 입장에서는 '리스크 관리' 차원에서 도어스테핑 재개가 상당히 조심스러울 것이란 생각이 드는데요. 예측 가능한 대통령과의 소통 창구가 없어졌다는 점은, 기자들은 물론이고 국가적으로 봤을 때도 큰 손해라는 생각이 듭니다.

'실패 없는 도전'은 존재하기 어렵습니다. 과거의 시행착오를 개선해, 한 차원 발전한 '도어스테핑 시즌2'를 윤 대통령 임기 내에 볼 수 있기를 기대해봅니다.

11 제2부속실에 대한 '호부호형'을 허해야

『논어』 제13장 '자로「子路」'편의 3장을 보면 다음과 같은 구절이 나옵니다. "명부정_{名不正}이면, 즉언불순_{則言不順}하고, 언불순_{言不順}이면, 즉사불성_{則事不成}이라".

겉으로 드러난 명분_{名分}이 바르지 않으면 말이 이치_{理致}에 맞지 않고, 말이 순리_{順理}를 벗어나게 되면 결국 도모하는 일이 제대로 완성_{完成}될 수도 없다는 의미입니다.

일이 제대로 되기를 바란다면, 각각의 이름이나 신분에 따라 마땅히 지켜야 할 도리를 잘 지켜야 한다는 가르침을 전해주죠.

성경에도 "도적질한 물이 달고, 몰래 먹는 떡이 맛있다"는 구절이 있을 정도로, 세상을 살아가면서 '금기_{禁忌}'가 오히려 걷잡을 수 없는 호기심과 견딜 수 없는 유혹의 씨앗이 되는 심리적 메커니즘(mechanism)을 다들 한 번 쯤은 경험해보셨을 텐데요.

윤석열 정부의 대통령실에는 '제2부속실'이 없습니다. 윤 대통령의 배우자인 김건희 여사는 지난 대선 국면에서 자신의 허위 이력 등에 대해 사과하는 기자회견을 열고, 총 1088자의 사과문을 낭독하며 머리를 숙였는데요. 그러면서 "남편이 대통령이 되도 아내 역할에만 충실하겠다"고 약속했기 때문입니다.

어디까지가 '아내의 역할'이고 어디까지가 '퍼스트레이디의 역할'인지는 모르겠지만, 그처럼 '모호한 답변'으로 자신을 향한 각종 비판과 우려의 목소리를 비켜갔습니다.

그런데 당선 이후 김 여사가 점차 보폭을 넓히자, 야당에서는 '과거의 약속'을 언급하며 '공개 행보'를 더 이상 하지 말고 사실상 '가사家事에 충실하라'는 지적을 이어가고 있습니다.

그 과정에서 지난 2022년 6월 13일 김 여사의 봉하마을 방문 당시 '지인 동행' 논란을 비롯해, 'NATO·북대서양조약기구 정상회의' 순방 동행 당시 대통령실 인사비서관 부인이 김 여사 일정을 '비공식적으로' 도왔다는 의혹까지 더해지면서 차라리 제2부속실을 부활시키는 게 낫겠다는 주장이 고개를 들기 시작했습니다.

여권 일각에서도 '김 여사 관련 시비'가 자주 불거지는 것과 관련해 '기체후 일향만강氣體候 一向萬康'하셨느냐는 말을 매일 올려야 하는 것 아니냐며, 일정과 메시지를 전문적으로 관리할 필요성을 언급하기도 했고요.

대통령실은 여전히 "제2부속실 부활은 없다"는 입장인데요. 제2부속실이 없는 만큼, 김 여사의 '실질적 행보'에 대한 '법적인 제약'도 많이 따를 수밖에 없습니다. 이 때문에 김 여사는 외부 활동 간 사비私備를 들여가며 각종 봉사奉仕에 나서는 실정입니다.

하지만 자칫 의도치 않게 '법의 테두리'를 벗어나는 일이 단 한 차례라도 발생한다면, 좋은 취지의 활동이었다고 하더라도 야당의 비판은 물론이고 법적인 제재制裁까지 받을 수 있기 때문에 '부활'을 적극 검토하는 게 어떨까 싶은 것이죠.

사실주의寫實主義는 단순히 형상을 '정확하고 충실하게' 사실적 (Realism)으로 묘사한 미술 사조를 말하는 게 아닙니다. 사실적 묘사는 기본이고, 시각의 사실화까지 담아내야 합니다.

실질적으로는 '보기 좋은 귀족 취향의 그림'이 아니라, 현실에 존재하는 '평범한 시민들의 모습과 가치관을 진솔하게 담아내는 미술 사조'를 뜻합니다.

김 여사는 미술을 전공했기 때문에 저 보다 훨씬 더 잘 알고 계실텐데요. 실질적인 '퍼스트레이디' 행보를 통해, 현실에 존재하는 평범한 시민들의 모습과 생각을 '항시恒時' 대통령에게 가감없이 전달하는 역할을 해야만 보다 균형감 있는 국정운영이 이뤄질 수 있을 것입니다.

한편으로는 '퇴계 이황'이 어린 선조 임금을 위해 집필하고 그렸던 '성학십도聖學十圖'처럼, 그림도 그려가면서 대통령이 쉽게 이해할 수 있도록 조언할 수도 있을 것이고요.

'부활 선언'이 면구스럽다면, 야당이 반대하는 여성가족부 폐지 공약 혹은 야당이 우려하는 민정수석실 폐지에 대한 원점 재검토를 일종의 '바터(barter) 카드'로 활용해보는 것은 어떨까요?

4장

역대 대통령의 용인술

01. 역대 대통령의 인재풀

02. '3인3색' 三金이 정적을 대하는 방식

03. 은퇴 후 소록도 단체 봉사했던 국무위원들

04. 일찍, 자주, 진취적으로 실패하라?

05. 재주넘은 곰, 임무 완수하고 포승줄에 묶이다

06. 노무현-이명박-박근혜가 똑같은 생각?

07. 가장 강한 자에게 내 왕국을 물려주겠다

08. 충정은 이해하나 시기와 방법에 문제가 있다

09. "이러려고 그러셨어요?"…말 문 막힌 개국 공신

10 정말 몰랐나? 아니면 알면서도 모른 척?

11. 文의 '김정은 용인술'

12. '해묵은 고전', 발광체-반사체 논쟁

1 역대 대통령의 인재풀

대통령의 인사는 큰 틀에서 두 가지 경로 가운데 하나를 통해 결정됩니다. 인사비서관실의 추천 기능을 통한 '공식 절차'를 거치거나, 혹은 권력 주변의 천거薦擧로 비선이나 밀실에서 소위 '정실情實 인사'가 행해질 때도 있습니다.

대통령의 인사권은 헌법과 법률 곳곳에 명문화 돼 있는데요. 이는 대통령 의지대로 국정을 운영할 수 있도록 권리를 부여한 것이자, 사리사욕 없이 매진하라며 의무를 지운 것이기도 합니다.

역대 대통령의 인사관리를 보면, 참모들의 조언을 듣기보다 대통령 스스로 체득한 경험을 바탕으로 이뤄질 때가 많았습니다.

길게 잡아 노태우 전 대통령 때까지는 육군사관학교와 서울대 법학과 출신이 주축이 돼 사실상 국정을 운영했다고 해도 과언이 아니었습니다. 조금 더 구체화하면, 육사 출신의 '지도 그룹'을 서울대 법대 출신이 '실무적'으로 뒷받침하는 모양새였습니다.

이를 두고 야당에선 육사와 서울 법대에서 한 글자씩 차용해 '육법당'이라고 비꼬기도 했지요.

그런데 이때까지만 해도 대통령이 주변의 추천을 받아 장관을 임명하면, 산하 공기업이나 '실무 총괄' 보직 인사는 주무 장관 주도로 이뤄졌습니다. 대통령이 장관에게 관련 기관 인사권을 넘기는 대신, 그 인사에 대한 책임은 철저히 따져 묻는 구조였습니다.

'육법당'과 '사조직 태동'의 과도기 격인 노태우 정권 탄생의 1등 공신은 '월계수회'였습니다. 지난 1987년 6·29선언 직후 "대선에서 반드시 승리해 월계관을 쓰자"며 박철언 전 장관이 만들었던 조직이죠.

대선 무렵에는 전국 200만 회원을 둔 거대한 조직으로 확대됐습니다. 월계수회 소속 현역 의원은 처음엔 11명이었지만, 1988년 13대 총선을 거치면서 60명을 넘어서면서 여당 내 최대 계파로 부상했습니다.

노태우 정부는 이른바 '87체제' 이후 사회 혼란기 속에서 정권이 태동했던 만큼, '안정적 국정 운영'에 방점을 찍었습니다. '월계수회'가 주요 보직에서 정권을 떠받치는 구조였지만, 관료 및 교수 출신을 중용해 균형을 맞추려고 애쓴 흔적이 엿보였습니다. '월계수회'의 리더이자 서울 법대 출신의 '소통령' 박철언 전 장관의 대척점에 있는 인사를 보면 말이죠.

노태우 전 대통령은 서울대 경제학과 선후배 사이로 '세 살 터울'인 이현재(1929년생) 서울대 교수를 국무총리에, 홍성철 전 내무부 장관을 청와대 비서실장(1926년생)에 각각 임명해 안정감을 더

했습니다.

대통령의 인사권에 대한 언론 등의 '검증檢證'은 김영삼 정부 들어 조금씩 나타나기 시작했습니다. 결과적으로 이 같은 분위기가 조성된 후, 정권이 아주 조금씩 '언론의 눈치'를 보기 시작했고요. 김영삼 정부에선 '육법당' 인사가 대폭 줄어든 반면, 이른바 '민주화 동지'가 메인스트림으로 부상했습니다.

YS는 취임 후 100일 동안 '별 넷' 대장 7명을 포함해, 장성 19명을 전역시켰습니다. 하나회 출신으로 군부의 좌장 격인 김진영 육군참모총장과 서완수 기무사령관 등 그 당시 계급장에서 떨어진 별의 총합은 42개였습니다.

"등산화가 군화를 밀어낸다"는 표현이 그 때 처음 생겨났지요. 김영삼 정부의 사조직인 '민주산악회'를 빗대 생겨난 조어입니다.

이후 김대중 정부의 '연청', 노무현 정부의 '노사모', 이명박 정부의 '선진국민연대' 등도 막강한 사조직이었지만, YS의 민주산악회 정도의 위세를 갖지는 못했다는 평가가 많습니다.

김대중 대통령은 사조직 인사들이 각급 공기업에 마치 낙하산을 타고 내려오는 것처럼 떨어진다는 이른바 '낙하산 인사' 논란이 일자, '공공기관장 공모제'를 도입했습니다.

하지만 이 역시도 형식에 불과할 뿐, 대통령 측근을 앉히는 관행은 달라지지 않았습니다. 공모제를 통해 명분은 명분대로 쌓고, 뒤로 잇속도 챙기는 방식이었죠.

국정을 맡아본 적 없는 소위 'DJ맨'들의 부족한 부분은, 경험이 많은 JP가 채웠습니다. DJP 공동정권에서는 DJ가 비경제 분야에 대한 인사권을, JP가 경제 분야 관련 인사권을 실질적으로 행사했습니다.

당시 'DJP 합의'의 핵심 내용은 "자민련 김종필 총재를 국무총리로 하고 총리가 경제부처의 임명권을 가지며, 수도권 광역단체장 가운데 한 명을 자민련 소속으로 한다"는 것이었는데요.

이와 관련해 DJ의 마지막 비서실장을 지낸 박지원 전 의원은 "DJ는 득표율 5%를 확보하기 위해, JP에게 인사권의 50%를 내줬다"고 회고하기도 했습니다.

DJ는 소위 동교동계로 불렸던 '측근 인사들'이 구설에 오르자, "민주화 동지는 있어도 측근은 없다"고 비켜갔는데요. 박 전 실장은 "재벌은 자식이 원수고, 권력은 측근이 원수"라는 뼈 있는 말을 하기도 했죠.

이명박 정부 들어 고위공직자 후보군 검증 강화를 위한 '사전 질문서'를 처음으로 고안해냈습니다. 아무리 MB의 핵심 지연인 포항 동지상고 출신, 혹은 '고소영(고려대, 소망교회, 영남) 인사'라 할지라도 '사전 질문서'는 받아야 했습니다.

윤석열 정부 들어선 권력의 요직을 검사 출신들이 장악한다는 이야기가 회자되기도 했는데요. 자신이 잘 알고 호흡을 맞춰본 사람들과 함께 일하는 것이 편하다는 것은, 인지상정人之常情일 것입니다.

다만, 영국의 철학자 루드비히 비트겐슈타인(Ludwig Josef Joha

역대 대통령의 인재풀

-nn Wittgenstein)의 말처럼 "우리는 어떤 사람에 대해 속속 안다고 말하지만, 누구든 다른 사람이 완전히 알 수 없는 존재"라는 점을 명심해야 할 것입니다.

청나라 황제 건륭제는 "사람을 알아보고, 사람을 쓰는 것이 가장 어렵다"고 토로했는데요. 결국 같은 이야기 아니겠습니까?

소학小學에 '세 가지 불행'에 대해 언급한 구절이 있습니다. 첫째 '너무 일찍 과거에 급제하는 것', 둘째 '부형父兄의 세력에 의존해 높은 벼슬을 하는 것', 셋째 '재능이나 문장이 지나치게 뛰어난 것'을 꼽았습니다.

전적으로 동의하는 것은 아니지만, 일정 부분 새겨들을 필요는 있어 보입니다. '부형'의 세력에 의존해 너무 일찍 중용된 상태에서 자신의 '지식'을 맹신하다보면, 결국 불행한 결과를 초래할 수 있기 때문이죠.

2 '3인3색' 三金이 정적을 대하는 방식

"저는 우선 그들이 공격하도록 그대로 놔둡니다. 그런 다음에 제가 다시 그들을 공격하는 식으로 반대자들을 제거합니다. 여기에는 몇 가지 원칙이 있습니다. 고대 철학자인 노자(老子)의 말씀대로 제가 먼저 행동하지 않습니다. 일단 공격을 받으면 침묵을 지키면서 그저 뒤로 물러서 있습니다. 적들이 조금씩 이기고 있다고 느끼게 그대로 놔두는 게 중요하죠."

-마오쩌둥의 주치의 리즈수이가, 마오로부터 직접 들은 말-

고(故) 이완구 전 국무총리가 새누리당 원내대표였던 시절, 새누리당을 취재했던 저는 국회 본관 원내대표실에서 별도의 티타임을 많이 가졌습니다. 제가 당신의 둘째 아들과 중학교 동창이기도 했고, 과거 3김 시절 이야기를 해도 적절히 추임새 넣어가며 주의 깊게 들었기 때문일 것으로 생각됩니다.

이 전 총리는 나른한 오후로 기억되는 어느 날, 이른바 "내가 겪은 3김의 정적 제거 방식"이라며 당시 그분들의 정치 기교에 대한 이야기를 전해줬습니다.

　YS는 그야말로 '돌직구형'이라고 했습니다. 하나회 조직을 해체시키던 과정이나 금융실명제 도입 당시 상황을 봐도 그렇고, 주요 정책을 추진하면서 소위 걸림돌이 되는 사람들은 면전에 불러놓고 호통치는 일이 다반사였다고 했습니다. 돌아가거나 에둘러 말하는 경우는 거의 없다고 봐도 무방하다면서요.

　자기 스스로를 벼랑 끝으로 몰고 갔던 것처럼, 경우에 따라 상대방도 벼랑 끝으로 몰고 갔다고도 했고요.

　"그 분이 아침잠이 없어서 그랬을 수도 있는데, 이른바 '골목성명' 다음날 새벽 전두환 전 대통령을 합천 생가에서 안양교소도로 압송할 때, 최소한 아침은 드시게 했어야 하지 않나"라고 회고하신 부분도 비슷한 맥락으로 이해됐습니다. "YS가 아니라 DJP였다면, 최소한 당일 아침은 편안하게 드실 수 있도록 했을 것"이라는 대목에서 말이죠.

　DJ는 그와 정반대로 본인이 직접 면전으로 불러 경고를 주기 보다는, 최대한 측근을 통해 잡음이 안 나도록 처리했다고 이 전 총리는 회고했습니다. 소위 '권옥승'으로 불렸던 권노갑-김옥두-최재승 전 의원이 주로 그 역할을 맡았다면서요.

　권노갑 전 의원은 이와 관련, "상대방에게 의리와 지조를 바탕으로 정도를 걷고 있다는 점을 설득하는 과정은 현실 정치에 반드시 필요하다"고 하기도 했지요.

　정적이라고 할 수는 없지만, 이 전 총리는 DJ가 임기 첫 해인

1998년에 한국대학생총연합회(한총련)를 이적단체로 규정한 부분과 임기 말 '효순이-미선이 사망 사건' 이후 반미 감정이 불거졌을 때 공무원들을 불러, "우리 안보를 위해 미군이 와 있으니, 나가라고 하는 것은 안 된다"고 이야기 한 부분을 언급했는데요. 그러면서 "정말 DJ스러움을 넘어, 대통령스러웠다"고 평가했습니다.

이 전 총리는 JP에 대해선 모두에 소개한 마오쩌둥과 비슷하다는 이야기를 했습니다. 프로 바둑기사들의 대국을 보면 9할 이상 실수에서 승패가 갈리고 프로야구를 봐도 그렇다면서, 인내심이 중요하다고 했습니다.

성급하게 덤비기보다 상대 투수가 실투를 던질 때까지 참고 기다렸다가, 이를 놓치지 않고 방망이의 중심에 맞추는 타자가 홈런왕도 되고 해결사도 되는데 JP는 이처럼 뚝심을 기본 바탕으로 하는 정치를 했다고 표현했습니다.

"나에게 나무를 벨 시간이 8시간 주어진다면, 그 중에 6시간은 도끼를 가는 데 쓸 것"이라고 했던 링컨과도 비슷하다면서요.

미국 남북전쟁 당시 남부연합 대통령으로 링컨의 최대 정적이었던 '제퍼슨 데이비스'는 지난 1865년 링컨이 암살되자 "남부연합의 전쟁 패배 다음으로 암울한 일은 링컨의 죽음"이라며 애도했는데요. 정치적 라이벌에게 할 수 있는 이 이상의 표현이 있을까요?

지난 2009년 8월 10일 'YS와 DJ의 마지막 악수'도 이에 버금가는 모습을 보여줬습니다. "그래도 3김 정치에는 낭만이 있었다"는 이야기의 마지막 페이지를 멋지게 장식했던 것이죠.

3 은퇴 후 소록도 단체 봉사했던 국무위원들

'당신의 입 안에 들어있는 말은 당신의 노예입니다. 하지만 당신의 입 밖으로 나오면 말은 당신의 주인이 됩니다'라는 이스라엘 속담이 있습니다. '한 번 뱉은 말은 네 마리의 말이 끄는 수레보다 더 빨리 퍼진다'는 내용의 한자성어 '사불급설駟不及舌'도 있고요.

이는 모두 '신중한 말의 중요성'을 뜻하는 것입니다. 정치의 9할이 말로 이뤄지는 만큼, 훌륭한 정치인이 되기 위해서는 우선 염치와 예의를 갖춘 품위 있는 말부터 써야겠죠.

하지만 안타깝게도 우리 정치인들의 입은 점점 더 거칠어지는 듯합니다. 가루는 칠수록 고와지는 법인데, 하면 할수록 더 거칠어지는 '정치 언어'를 보면 안타까울 때가 많습니다. 정치권 입문 전까지는 그렇게 모진 말을 사용하지 않으셨을 텐데 말이죠.

말이 중요하다고 하지만, 행동은 더더욱 중요합니다. 특히 대통령 지근거리에 있는 최고위 공무원이라면 타의 모범이 되고, 귀감이 되는 행동이 늘 몸에 배어있어야 할 것입니다.

　노태우 정부에서 국무총리와 청와대 비서실장으로 함께 호흡을 맞췄던 노재봉 전 총리와 홍성철 전 실장(이후 통일원 장관)은, 다른 전직 고위 관료들과 함께 '상록회'를 결성해 은퇴 이후에도 꾸준히 봉사 활동을 했습니다.

　노 전 총리(평안북도 창성군)와 홍 전 실장(황해도 은율군) 모두 '이북 출신'이라는 공통점이 있었는데, 고향 어르신들을 모시지 못하는 대신 소록도에 계신 난민을 돕겠다고 나섰던 것입니다.

　당초 '천주교 신자들 위주'로 결성됐던 이 모임은 시간이 갈수록 마음과 뜻을 함께하는 동참자가 늘어났고, 당신들의 건강이 허락했던 마지막 순간까지 계속 이어갔습니다. 장자莊子는 "명命이 길면 수치羞恥도 많다"고 했지만, 이 분들은 '덕德을 쌓은 수치數値'가 갈수록 많아졌던 것입니다.

　이 분들의 봉사활동 장소였던 '소록도'를 무대로 한 유명한 소설도 있지요? 바로 이청준 선생님의 '당신들의 천국'인데요. 한센병(나병) 환자인 황 노인은 소설에서 다음과 같은 독백을 합니다.

　"그건 아마 이 섬에 남겨진 '사랑의 동상'이 될 거야. 눈에는 잘 보이지 않겠지만, 그래도 처음으로 제 손으로 제가 지어 지니게 될 그런 동상. 아무도 목을 매어 끌어내리고 싶어할 자가 없는, 이 섬이 우리 문둥이들의 것으로 남아 있는 한 오래오래 이곳에 함께 남아 있어야 할 단 하나의 사랑의 동상으로 말씀야".

　여기서 '살아있는 사람의 동상'은 아마도 허영과 헛된 명예욕

은퇴 후 소록도 단체 봉사했던 국무위원들

名譽慾의 그 어디쯤이라고 생각되는데요. 당시 '상록회' 회원들이 지녔던 그 마음과 정반대되는 지점에 위치해 있을 것이란 생각이 듭니다.

현직 대통령에 대한미화 작업은 지속적으로 이어져 왔습니다. 그 역시도 일종의 '살아있는 동상'을 만드는 행위였다고 볼 수 있겠죠. 물론 엘바섬에 있던 '코르시카의 괴물이자 식인종'인 나폴레옹이, 하루아침에 '황제폐하'로 바뀐 것만큼 극단적으로 미화하지는 않았지만요.

권력은 권력자를 위해 소비하는 것이 아니라, 오롯이 '국민을 위해, 국민에 의해, 국민들에게' 소비돼야 합니다. 무능보다 위험한 것은 기만입니다. 국민을 속이는 거짓 선전선동은 '척결剔抉'이라는 문자 의미 그대로 '살을 도려내고, 뼈를 발라내야'겠지요.

그런데 말과 행동으로 국민을 기만하셨던 분들도, 이 점은 명심하셔야 할 겁니다. 조선시대 작가 미상의 한글소설인 『토끼전』을 보면, 토끼가 지옥과도 같았던 용궁을 다녀온 이후, 다시는 자라의 꼬임에 빠지지 않겠다고 다짐하고 용궁행을 말리던 너구리가 진정한 현자賢者였다고 깨닫게 된다는 점을요.

이명박 대통령과 5년 임기의 절반 가까이를 함께 보낸 김황식 전 총리도 'MB정부 마지막 설 명절'에 비공식으로 전북 군산 나포의 한 노인요양원에서 봉사 활동을 했습니다. 그의 선행은 훗날 다른 사람들의 전언을 통해 알려졌는데요.

지난 2022년 3·9 대선을 일주일쯤 앞두고 가진 티타임 자리에서 그 당시 상황에 대해 다시 묻자, 김 전 총리는 소외된 곳에 가서 그분들의 아픔을 위로하고 나누는 것이 임기 마지막 순간까지 내가, 국무총리가, 나라를 위해 봉사하는 사람들이 해야할 일"이라며 별일 아니라는 듯 손을 내저었습니다.

국민의 혈세를 쌈짓돈을 생각해 물처럼 쓰고 필요에 따라 살아있는 동상도 만드는 '정치꾼'이 아닌, 그야말로 언제 어디서 누구와 함께 있든 상대방에게 귀감이 되는 '명재상名宰相'이 그 어느 때보다 필요해 보입니다.

4 일찍, 자주, 진취적으로 실패하라?

링컨은 총 27번의 실패를 경험했습니다. 23세에 첫 사업에 실패했고 이듬해 주의회 선거에 처음 나가 낙선했으며, 1년 뒤 다시 시작했던 사업은 파산했습니다. 그때 진 빚을 17년 간 갚았다고 링컨은 회고했습니다.

30세에 주의회 의장선거에 낙선했고 2년 뒤 정·부통령 선거위원회에서 낙선했으며, 35세에 하원의원 선거에 낙선한 뒤 그 이듬해엔 하원의원 공천조차 받지 못했습니다. 40세에 하원의원 재선거에 낙선했고, 46세엔 토지 담당 공무원직 임명도 거부당했으며, 1년 뒤 도전한 상원의원 선거에서도 낙선했습니다.

48세엔 부통령 후보 지명전에서 100표 차이로 낙선했고, 50세엔 상원의원 선거에서 또 다시 무릎을 꿇었습니다. 자잘한 실패의 기억은 차치하고, 이른바 굵직한 실패의 역사만 읊는데도 10줄이 족히 필요합니다.

실리콘밸리의 표어는 '일찍 실패하고, 자주 실패하고, 진취적으로 실패하라'인데요. 최근의 정치 현실을 감안해 볼 때, 정치인이 링컨처럼 계속 실패하면 어떻게 될까요?

다른 것은 모르겠지만, 적어도 대선 결과만 놓고 보면 실리콘밸리의 표어가 '일정부분' 통한 것 같기도 합니다.

DJ는 자신의 정치 역정에 대해 "정계에 입문해 국회의사당에 앉는 데까지 9년, 1970년 첫 대통령 후보에 선출된 뒤 실제 대통령에 당선되기까지는 27년 걸렸다. 그 사이 다섯 번의 죽을 고비를 넘겼고, 6년 동안 감옥에 있었으며, 수십 년 간 망명과 연금 생활을 하기도 했다"고 회고한 바 있고요.

노무현 전 대통령도 '바보 노무현'이라고 불릴 정도로 쉽지 않은 지역을 찾아 도전에 도전을 거듭했지요. 그 과정에서 '숱한 실패의 경험'이 차곡차곡 쌓여 갔고요.

결국 실패에서 배우는 길이 두 가지가 있음을 깨닫게 됩니다. 하나는 과거의 실패를 극복하고 성공한 사례에서, 승리할 수 있었던 방식을 착안해 응용하는 것이고요. 나머지 하나는 실패에서 시작해, 또 다시 실패로 귀결되는 사례를 반면교사 삼아 그 길로 가지 않는 것입니다.

비록 DJ의 업적이 크고 넓지만, 가려지지 않는 과오도 있습니다. 가장 대표적인 것은 '북한이 핵을 포기할 것'이라는 단언斷言이었죠. 그런 판단이 있었기에 다소 과할 정도의 '햇볕정책'이 제시됐던 것이고요.

그의 인척이자 최측근 참모였던 이영작 박사는 "강풍에 웅크렸던 행인이 햇볕에는 외투를 벗는다는 이솝우화를 인용하면서 햇볕정책이 시작됐는데, 북한은 외투를 벗지 않았다. 외투 안에 칼을 숨겼기 때문이다. DJ는 중국을 오판했고, 북한에 속았다"고 회고했습니다.

물론 버락 오바마 전 미국 대통령의 "항상 100%는 없다는 점을 인식하면서 서로 양보하고 협상하는 가운데 뭔가를 이뤄내는 것이 중요하다. 그 과정에서 한 발 물러서는 것을 나약하다고 여기는 풍토는 없어져야 한다"는 주장에도 전적으로 동의합니다.

하지만 그럼에도 아무것도 손에 쥔 것 없이, 일방적으로 이용만 당한 것이라면 '책임론'을 면하기 어렵겠지요.

노 전 대통령도 마찬가지입니다. 사회에 뿌리 깊게 박혀 있던 기득권을 타파하고, 비주류가 주류로 올라설 수 있다는 가능성을 보여줬다는 측면에서 '공'이 크다고 볼 수 있습니다.

반면 DJ와 마찬가지로 북한에 대해 올바른 목소리를 내지 못했고, 인위적으로 사회를 개편해나가는 과정에서 시장에 과도하게 개입했다는 비판을 피하지 못했습니다.

이 때문에 소위 '세 번째 진보 정부'인 문재인 정권의 역할이 매우 중요했는데요. 안타깝게도 정책 실패에 대한 책임론은 물론, '과거의 실패'에서 교훈을 찾지 못했다는 지적까지 받게 됐죠. 같은 측면에서 박근혜 정부의 실패 영향이, 선대先代인 박정희 정부에까지 일정부분 미치게 됐고요.

링컨의 위대함은 숱한 실패를 자양분 삼아 모두를 포용하는 언어를 구사해 실의에 빠진 사람을 설득해내고, 사회 통합의 동력을 확보했던 것 아니겠습니까?

미국의 제31대 대통령인 후버는 고아 출신이었고, 세계적 문호인 도스토예프스키는 끊임없이 빚 독촉에 시달릴 정도로 가난한 집안 출신이었는데요.

열악한 환경과 조건에 자신의 능력을 함몰시키지 않았고, 심지어 선대의 실패까지도 '값진 성공'의 발판으로 삼았습니다. 그렇기 때문에 더 위대한 성인聖人으로 추앙받는 것이겠지요.

5 재주넘은 곰, 임무 완수하고 포승줄에 묶이다

　　　　　　　　　　　　　　버락 오바마 전 미국대통령의 아내이자 변호사인 미셸 오바마는 '영부인(the first lady)' 시절이던 지난 2009년 5월, '한국계' 강성모 교수가 총장으로 재직 중인 캘리포니아 주립 머시드대학교 UC Mercede에서 축사를 했습니다.

　　미셸 오바마는 이 자리에서 "여러분은 축복받은 사람이므로 그 축복을 지역사회에 돌려줘야 한다는 것을 기억해 주십시오. 여러분이 허리를 굽혀, 다른 사람이 여러분의 어깨 위에 올라설 수 있도록, 그래서 그들이 더 밝은 미래를 볼 수 있도록 도와줘야만 합니다"라고 했습니다.

　　비록 '앞 사람이 허리를 굽혀 뒷사람이 더 밝은 미래를 볼 수 있도록 한 사례'에 부합하는 것은 아니지만, 대통령들이 각종 국제 행사를 유치하면 차기나 차차기 대통령이 그 수혜를 입기도 했습니다. 정작 본인은 축제가 벌어지던 그 때 옥고를 치르는 '웃지 못 할 일'이 벌어지기도 했지만요.

심지어 각종 국제대회 유치의 열매를, 정권의 후계자가 아니라 상대 진영의 대권 후보가 가져가는 '아이러니한 상황'도 목도됐습니다.

전두환 전 대통령은 지난 1981년 9월 30일 '88서울올림픽 유치'에 성공했습니다. 그런데 1988년 올림픽이 개최됐을 당시 '5공 청산' 흐름으로 인해, 공식 행사에 모습조차 드러낼 수 없었습니다. 친구였던 '노태우 대통령의 정치적 위상'은 말로 표현할 수 없을 정도로 높아졌지만 말입니다.

지난 1996년 5월 31일 '2002년 한일 월드컵' 유치에 성공한 김영삼 대통령 역시 정치적인 이유로 개회식에 초청받지 못했습니다. 그런데 전직이었던 YS가 '찬밥 신세'에 머무른 것은 '예측 가능한' 귀결이었는데, 당시 현직이었던 김대중 대통령도 소위 '큰 재미'는 못 봤습니다. DJ는 "연평해전이 벌어졌음에도 한가하게 축구나 보러 갔다"는 비판에 시달려야 했습니다.

도리어 한일 월드컵 유치와 '4강 신화'의 과실은, 민주당 대선 후보였던 노무현 전 대통령이 챙기게 됐습니다. 당시 월드컵 개최 열기와 '4강 신화' 기운을 한 몸에 받았던 '대한축구협회장' 출신 정몽준 전 의원과의 대선 후보 단일화를 통해, 노 전 대통령이 그 기세 위에 올라타 청와대 입성 동력을 확보할 수 있었습니다.

지난 2011년 7월, 세 번째 도전 만에 동계올림픽을 유치해낸 이명박 전 대통령도 '꿈의 무대'를 밟을 수 없었습니다. 후임이었던 박근혜 전 대통령 처지도 비슷했고요.

사실 박 전 대통령이 정상적으로 5년 임기를 채웠다면, 평창 동계올림픽 피날레와 함께 청와대 생활을 마무리 지을 수 있었는데요. 헌정사상 초유의 '대통령 탄핵' 사태로 문재인 전 대통령이 '어부지리漁父之利'로 올림픽의 시작과 대미를 장식했습니다.

아마 유치에 성공한 이 전 대통령이나, 올림픽 준비 관련 보고를 죽 받아오던 박 전 대통령의 머릿속에 '북한 김여정의 방문'은 크게 자리하지 않았을 텐데요.

당초 자신들이 그렸던 그림과 크게 달라진 모습을 '홀로 외로이' 지켜보면서, 올림픽 개폐회식 날에 어떤 마음이 드셨을까요.

6 노무현-이명박-박근혜가 똑같은 생각?

역대 대통령의 '몇 안 되는 공통점' 가운데 하나는, 퇴임이 임박했거나 퇴임 이후에 "생각보다 대통령이 힘이 없다"는 취지의 이야기를 했다는 점입니다.

노태우 전 대통령은 "권력을 추구하는 것과 권력을 유지하는 것은 차원이 다른 일"이라며 "생각보다 운신의 폭이 좁은데, 대통령 마음대로 할 수 없는 부분들에 대한 고민이 많았다"고 했습니다. 이 때문에 '3당 합당'을 할 수밖에 없었다는 이야기도 수차례 했고요.

지난 1990년 1월 22일 '3당 합당' 당시, "호랑이 잡으러 호랑이 굴에 들어갔다"고 했던 김영삼 전 대통령도 "영광의 시간은 짧았고 고뇌와 고통의 시간은 길었다"고 회고했습니다. 임기 막판 자신이 속했던 정당에서 화형식을 당했을 정도니, 더 이상의 부연은 필요 없겠죠?

김대중 전 대통령도 마찬가지입니다. 임기 중 세 아들 모두 법정에 서고 유죄 판결을 받자, 레임덕이 가속화되면서 결국 총재직을 내려놓고 탈당해야 하는 신세가 되지 않았습니까? 그 당시 DJ는 정계 입문 이후 가장 초라한 시기를 보냈을 것으로 짐작됩니다.

노무현 전 대통령도 "대통령은 제도에 묶여 있고, 대통령의 권능은 우리가 생각하는 것보다 훨씬 작은데 수많은 주변 여건과도 얽혀 있다"며 "대통령이 뭘 하려고 마음먹는다고 다 되지는 않는다"고 토로했습니다. 이명박 전 대통령 역시도 "우리 정치 환경에서는 아직 정책이 정치를 이기지 못한다"고 씁쓸해 했고요.

노무현·이명박 대통령과 '핵심 현안'에 대해 다른 목소리를 냈던 박근혜 전 대통령도 "대통령 중심제라고 하지만 대통령으로서 할 수 있는 일이 별로 없었다. 꿈은 많고 의욕도 많고, 어떻게든지 해보려고 했는데 거의 안 됐다"며 "밤잠 안 자고 고민해왔는데 대통령이 돼도 결국은 할 수 있는 게 없다"고 아쉬워 했습니다.

'제왕적 대통령'은 존재하지 않는다는 역대 대통령들의 임기 말, 혹은 퇴임 이후 자기 고백으로도 보이는데요. 제왕적 대통령제의 단맛을 넉넉하게 본 이후, 사실상 식물대통령이었다고 칭하는 '블랙 코메디 같은 상황'이 역대 정권마다 벌어졌던 겁니다.

한편으로는, 퇴임할 때 혹은 퇴임하고 나서야 '입법 리더십'과 '협치의 중요성'을 이해하는 '실패한 대통령'만 양산되고 있는 셈이기도 하고요.

5년이라는 짧다면 짧은 기간 동안 소화하기 힘들 정도의 방대한 국정운영 목표를 세우고, 그 기간 안에 전부 실천하려고 애쓰다 보면 무리가 따르기 마련입니다.

모든 이슈에 대해 하나하나 자세히 설명하고, 기대했던 성과를 이뤄내지 못하거나 각종 변수가 생겨나면 그에 대해 해명만 하다 임기를 마친 '역대 대통령의 교훈'은 잊은 채 말입니다.

밥 먹고 커피까지 마실 시간이 없다고, 커피에 밥을 말아 먹을 수는 없지 않습니까?

영국 속담 가운데 "눈물만큼 빨리 마르는 게 없다"는 격언이 있는데요. 임기 중의 정책 실패를 속죄한다고, 혹은 만연한 부패를 반성한다며 흘렸던 눈물을 너무 쉽게 잊는 것일까요? 그 때의 처지를 오랜 시간 기억한다면 국민들 눈에서 눈물 흐르게 할 일은 없을 것 같은데요.

미국의 레이건Ronald Wilson Reagan 전 대통령은, 취임 후 첫 백일 동안 467명의 의원들을 만났습니다. 미팅 자리가 총 49번이었고, 중복해 만난 의원도 적지 않았다고 합니다.

이에 야당에선 전 정권인 지미 카터 정부에서 4년 동안 받았던 대접보다, 레이건 정부 4개월 동안 받은 대접이 더 크다는 말이 나왔을 정도라고 하지요?

대통령이 고독하거나 고립의 시간이 길면 길어질수록, 정치적인 아집을 부릴 가능성은 그만큼 더 커진다고 합니다. 윤석열 정부도 아직 늦지 않았습니다. 레이건 전 대통령처럼 야당 의원들을 따로 불러 '지속적이고도 전방위적인 소통'을 비공식적으로라도 가지시길 기대해봅니다.

7 가장 강한 자에게 내 왕국을 물려주겠다

기원전 323년, 임종을 앞둔 마케도니아의 알렉산더 대왕Alexandros the Great이 '누구에게 왕국을 물려줄 것이냐'는 질문을 받았다고 합니다. 이에 "가장 강한 자에게 내 왕국을 물려주겠다"고 답했다고 하고요.

우리 전직 대통령들은 어떤 분을 후계자로 선택했을까요? 기본적으로 믿을 수 있거나, 이길 수 있는 사람을 선택했습니다. 반대로 '아무리 조건이 좋아도' 물려주기 싫은 사람은 절대로 밀어주지 않았고요.

전두환 전 대통령의 경우 좌고우면左顧右眄 하지 않고, 육사 동기동창인 노태우 전 대통령에게 '6·29 선언'이라는 매력적인 포장지를 통해 사실상 정권을 이어갈 수 있도록 물심양면으로 지원했습니다. 노 전 대통령이 YS를 선택한 이유는 사실상 '될 사람 밀어주기' 차원이었고요.

반면 YS는 소위 '스펙(qualification)'은 좋았지만 '자신과의 인간적

관계가 좋지 않았던' 이회창 후보를 사실상 돕지 않은 채, '리틀 YS'
로도 불리던 이인제 후보를 '심적으로' 지원했습니다.

  DJ는 후계구도를 전략적으로 정립했습니다. 소위 '이길 수 있
는 사람' 밀어주기 차원이었는데요. '영남 지역 출신 후보가 호남에
뿌리를 둔 정당에 출마해야 승산이 있다'는 판단에, 영남 출신 잠룡
들을 눈 여겨 봤고 결국 노무현 전 대통령을 지원하기에 이르렀죠.

  노무현 전 대통령도 이와 비슷한 생각을 갖고 김혁규·김두관
전 경남도지사 등을 주의 깊게 지켜봤으나, 그 뜻을 이루지는 못
했습니다.

  이명박 전 대통령과 박근혜 전 대통령을 두루 거쳤던 한 중진 정
치인은 "MB는 일의 내용을 중시한 반면, 박 전 대통령은 일의 모양
새를 중요시해 서로 물과 기름 관계"라고 했는데요. MB는 정권 재
창출을 위해 인간적인 감정을 잠시 접어둔 케이스입니다.

  과학비즈니스벨트, 동남권 신공항, 4대강 등 주요 현안에서 사
사건건 충돌했지만 제18대 대선을 앞두고 사실상 '구원舊怨'을 묻고
박 전 대통령의 당선을 응원했으니 말이죠.

  우리 역사를 봐도 그렇지만 '강한 자가 살아남는다'는 말은, 이
제는 어느덧 '반은 맞고 반은 틀린' 이야기가 됐습니다. 이제는 변
화에 능통한 자가 살아남는다고 봐야겠지요. 결국 그런 정치인이
현직 대통령은 물론이고, 국민의 선택도 받을 수 있을테니까요.

  변화의 물결을 읽지 못해 하루아침에 무너져 내린 정치인들을
우리가 수없이 봐오지 않았습니까? 낡은 지도자로는 더 이상 급변

하는 현대 사회에서 생존을 담보할 수 없습니다. 유연하고 부드러운 성품을 가지고, 변화에 물결에 자신의 모든 것을 태울 수 있는 정치인이 끝내 살아남을 수 있겠죠.

다소 거칠고 과격했던 노무현 전 대통령도 "솔직히 대통령을 해보니 앞으로는 조금은 남의 말을 잘 들어주고, 조금은 온건하고 부드러운 사람이 정치를 해야 좋을 것 같다는 생각이 들었다"고 하지 않았습니까?

권력은 사람의 마음을 얻는 것에서부터 시작됩니다. 이를 위해 소통과 포용이 리더십은 필수적입니다. 그것이 비록 전략적 소통일지라도 말이죠.

논쟁할 때와 손을 잡을 때를 분명히 구분해 내는 능력도 중요합니다. 맛있게 익어 향기가 아름답게 퍼지는 와인과 같이, 숙성된 관계를 맺을 수 있도록 기술적으로 이끌어가는 정치력 말입니다.

그렇게 되면 "마음에 든 친구는 쇠사슬로 묶어서라도 놓치지 말라"는 셰익스피어의 격언도 사족蛇足이 될 것입니다. 소통의 기술을 가진 분들 주변에는 우군友軍이 넘쳐날 테니까요.

8 충정은 이해하나 시기와 방법에 문제가 있다

역대 어느 정권에서든, 새롭게 수혈한 '젊은 피' 혹은 야심차게 영입한 '개혁성 강한 인사들'의 도전에 직면했습니다.

그럴 수밖에 없는 것이 그들의 생명력은 신선함에서 나오고, 그것을 잃어버리면 자신의 생존生存을 담보할 수 없기 때문에, 권력자의 변심變心을 추궁하고 비판할 수밖에 없는 것이죠.

자신의 소신을 굽히면서 소위 '통법부의 일원'이라는 오명을 함께 뒤집어쓰면, 그들은 새롭게 등장하는 또 다른 '개혁성 강한 인사'에게 자신의 자리를 내줄 수밖에 없습니다.

소위 '정풍운동整風運動'이라는 것은 물적 증거가 없어서 그렇긴 한데, 아마도 우리 역사로 치면 구석기 시대에도 있었을 것입니다. 사람 사는 곳이라면 어디서든 으레 나타나는 현상이니까요.

같은 맥락에서 이들의 도전에 대한 권력자들의 반응도 크게 다르지는 않았을 텐데요. 이제는 어느새 클래식한 고전이 된 문장이죠? 지난 1979년 말 공화당의 '정풍운동'을 두고 JP는 "충정은 이해하나 시기와 방법에 문제가 있다"는 문장으로 '용납할 수 없다'는 뜻을 에둘러 표현하기도 했습니다.

나라 밖으로 시선을 돌려보면요. 지난 1517년 로마 가톨릭수도회 '아우구스티노회 소속 수도사제'였던 마틴 루터Martin Luther는 가톨릭 교회의 면죄부 판매에 반대하면서, 비텐베르크 교회에 '95개의 반박문'을 붙였습니다.

그랬던 그는 결국 5년 뒤 보름스 제국 의회 청문회에 불려가 끝내 파문됐는데요. 황제 앞에서 "내 신념을 저버리는 다른 말과 행동은 할 수 없다(Here I stand, I can't do no other)"며 자신의 뜻을 굽히지 않았기 때문입니다.

최근 우리 정치권 돌아가는 상황을 보면, 사상과 종교는 물론 취미에 감정까지 공유하고 충성하도록 요구하는 분위기가 형성돼 있습니다. 이는 '폭군暴君' 걸주의 개가 성군인 요임금을 보고 짖는다는 고사로, 맹목적인 '빗나간 충성'을 경계해야 한다는 격언 '걸견폐요桀犬吠堯'의 우를 범하는 것과 무엇이 다르겠습니까?

"뒤를 계속 돌아볼수록, 당신은 더 멀리의 앞을 내다볼 수 있습니다." 윈스턴 처칠이 했던 말인데요. 맹목적인 충성에서 벗어나 자신의 행적을 늘 점검하고 검열해야만 한다는 뜻이죠. 아집과 몽니에서 벗어나 '젊은 피'와 '개혁성 강한 인사들'의 지적과 사회 돌아가는 분위기를 잘 살피라는 의미이기도 하고요.

'위上'만 보면 '아래下'가 안 보이고, 또 '아래'만 보면 '앞未來'이 안 보일 것이란 이야기 한 번쯤 들어보셨을 텐데요.

보수 진영에서 '꿈은 크고 이상은 높게' 가져야 한다며 언급하는 '위'와, 진보 진영에서 굽어 살펴야 한다고 거듭 강조하는 '아래', 그리고 성공적 미래인 '앞'까지 넉넉하게 살펴볼 수 있어야 바람직한 정치가 구현될 수 있지 않겠습니까?

생각을 바꾸면 행동이 바뀌고, 행동이 바뀌면 습관이 바뀌며, 습관이 바뀌면 운명도 바꿀 수 있다고들 하지요? 전방위적으로 주변을 잘 살펴가면서, 개혁성 강한 인사들의 충정까지 잘 담아낼 수 있다면 그야말로 '이상적인 정치'가 완성될 수 있을 것입니다.

9 "이러려고 그러셨어요?"…말 문 막힌 개국 공신

　　　　　　　　　　　　　미국의 제7대 대통령인 앤드류 잭슨Andrew Jackson은 '모든 공직은 승리자의 전리품戰利品'이라고 했는데요. 제20대 대통령 제임스 가필드James Abram Garfield는 선거 후 이른바 '전리품 분배'에 불만을 품은 지지자의 총에 맞아 운명을 달리했습니다.

　그 사건 이후 당선된 대통령들은 '전리품'을 잘 쓰면 약이 되지만, 제대로 쓰지 못하면 자칫 치명적인 독毒이 될 수 있다는 점을 반면교사로 삼게 됐을 것입니다.

　우리 역대 정권에서도 개국開國 공신功臣들을 철저히 챙겼습니다. 김영삼 전 대통령은 상도동계를, 김대중 전 대통령은 동교동계를, 노무현 전 대통령은 소위 386 인사들을, 이명박 전 대통령은 안국포럼 핵심 인사들을 중용했습니다.

　그런데 박근혜 전 대통령은 조금 달랐습니다. 일부만 청와대와 요직에 들어갔을 뿐, 과거에 비해 규모가 매우 작아졌습니다.

여권 전반의 기대에 비해 중용된 인사의 수가 턱없이 적어, 당시 여당의 한 중진 의원이 캠프 사람들 좀 챙겨달라고 했다가 "이러려고 그러셨어요?"라는 말을 들었다는 것은 유명한 일화죠.

박 전 대통령의 발언을 뜯어보면, '논공행상論功行賞을 염두에 두고 도운 것이었느냐'는 취지였을 겁니다. 그런데 사실 그런 정도의 기대감도 없이 순수하게 도울 사람이 과연 몇이나 될까요?

대선 기간에 자신의 시간과 에너지를 투입하는 것은 훗날의 자리를 염두에 두고 선봉에 선 것이지, 단순히 지지와 성원을 보내는 차원에서 소위 '열정 페이'로 치부하는 사람은 생각보다 많지 않을 것입니다.

그렇기 때문에 과거에는 당선이 확실한 지역에 공천을 주거나, 혹은 쓰고 남은 대선 자금을 나눠주던가, 아니면 좋은 고위직 자리를 나눠주는 방식으로 노고를 치하해 왔습니다.

그런데 최근에는 '자금' 관련 부분이 굉장히 투명해졌기 때문에, 대선 잔금殘金을 나누는 방식은 사실상 사장됐습니다. 그렇기 때문에 과거에 비해 '인사人事 경쟁競爭'이 치열하게 전개됩니다.

이상득 전 의원의 보좌관을 거쳐 '이명박 서울시 정무국장'과 '이명박 대통령 당선인 비서실 총괄팀장'을 역임한 박영준 전 지식경제부 차관은 과거에 한 언론과의 인터뷰에서 "인수위 시절 한 달 동안 무려 5천여 명의 인사 파일을 들여다봤다"고 했습니다. 정말 엄청난 분량이죠?

문재인 정부에서는 이른바 소위 '문재인 대선 캠프에 들어온 시기'를 기준으로 A, B, C, D 등급을 나눴습니다.

역대 대선에서는 '세勢 확장 성과成果'가 중요한 요소로 작용했지만, 그 당시 선거는 사실상 시작 전부터 결과를 예측할 수 있는 선거였기 때문에 '언제 합류했느냐'라는 기준을 들이댄 것으로 보여집니다.

그런데요. 미시경제학에서 말하는 '가격차별Price Discrimination 이론'에 따르면, 소비자를 다양한 그룹으로 세분해 각자의 특성에 맞게 '다른 가격'을 적용하면 '보다 많은 이윤'을 확보할 수 있습니다.

이는 정치 영역에서도 마찬가지겠지요. 처한 상황이나 사고방식이 비슷비슷한 사람들끼리 '동계교배(同系交配, inbreeding)'만 하다 보면, 이윤의 극대화는커녕 단 한 걸음도 진화進化할 수 없을 것입니다.

10 정말 몰랐나? 아니면 알면서도 모른 척?

영국의 네빌 체임벌린Arthur Neville Chamberlain 전 총리는 지난 1938년 10월, 독일이 체코를 침공했을 당시 뮌헨에서 히틀러를 만나고 돌아와 "여기에 우리 시대의 평화가 있다"며 손에 든 '평화 선언서'를 흔들었습니다.

체임벌린 전 총리는 히틀러에 대해 "약속하면 믿을 수 있는 사람이라는 인상을 받았다"고 평가했는데요. 그로부터 1년 뒤 히틀러는 폴란드를 침공했습니다. 사람을 잘못 봐도 제대로 잘못 봤던 것이죠.

지난 2005년 5월 말, 일본을 방문한 DJ는 아사히신문과의 인터뷰에서 "북한이 세계를 앞에 놓고 핵실험을 하는 것은 불가능할 것이고 핵보유국으로서 지위를 강화하는 것도 불가능하다"고 했습니다. "(핵실험 추진이) 미국에 '요구를 받아들여달라'는 목적인지는 모르겠으나 그런 협박을 해도 실리는 얻을 수 없다"면서요.

DJ는 TBS와의 인터뷰에선 "북한의 목적은 체제보장이며 실제로 핵실험을 강행하기는 어려울 것"이라고도 했습니다.

하지만 그 이듬해 10월, 북한은 조선중앙통신을 통해 "풍계리 핵실험장에서 핵실험을 성공적으로 진행했다"고 밝혔습니다.

그로부터 3년 뒤(2009년) 이른바 2차 핵실험을 했고, 2013년에는 3차 핵실험을 단행했습니다. 2016년에는 4, 5차 핵실험을 잇따라 진행했고, 심지어 문재인 정부가 들어선 2017년 9월 3일에는 6차 핵실험에 나서기도 했습니다.

북한의 '제1차 핵실험 발표' 한 달 전인 지난 2006년 9월 7일, 당시 노무현 대통령은 핀란드를 방문한 자리에서 "북한의 핵실험 관련해 아무런 징후나 단서를 갖고 있지 않다"고 했습니다.

같은 달 28일 MBC 「100분 토론」에 출연해선 북한의 핵실험 가능성을 묻자, "그런 일 없도록 노력 중"이라고도 했고요.

그런데 북한은 그로부터 닷새도 안 된 시점에 '핵실험 하겠다'는 성명을 발표했고, 그 발표 여드레 뒤 강행했습니다.

북한이 보수 정권이든 진보 정권이든 가리지 않고 지속적으로 핵실험에 나선 것을 보면서, 이들이 거짓말을 한 건지 아니면 판단력이 흐려진 것인지를 놓고 설왕설래가 벌어지기도 했습니다. 정말 몰랐을지 아니면 알고도 모른 척한 것인지에 대한 논쟁이 붙기도 했고요.

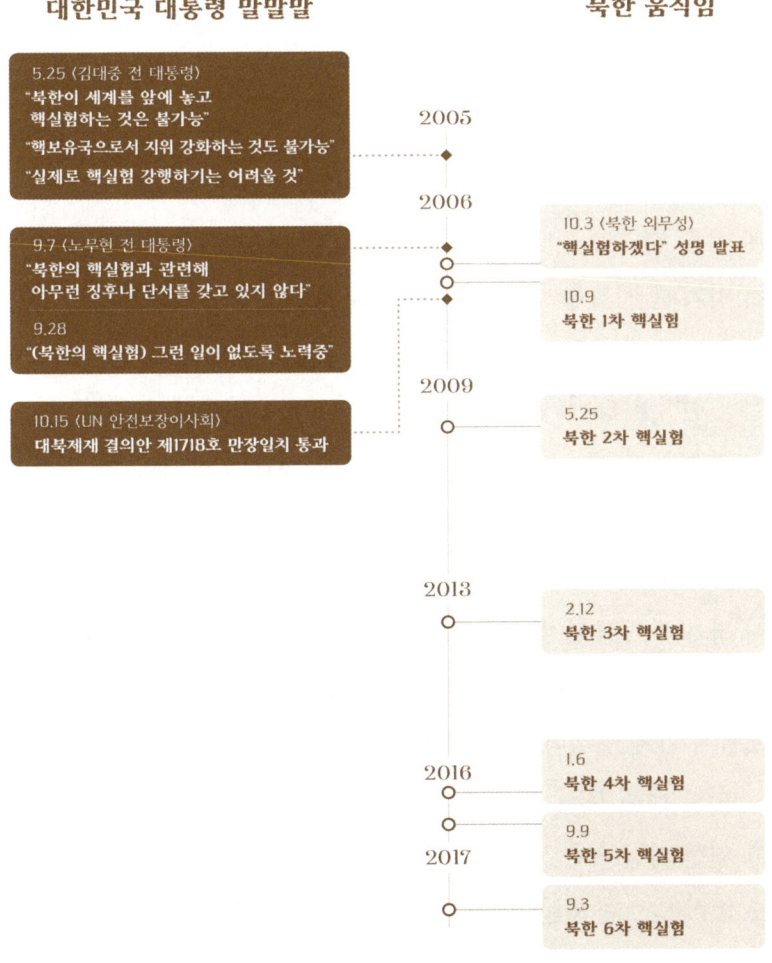

사실 전 세계의 국제 외교 역사를 봐도 그렇고, 거의 모든 정상회담은 성공할 수밖에 없습니다. 사전에 충분한 협의를 거치고 사실상 양국 정상이 최종 결재하는 방식을 띠기 때문에, 실패한 정상회담은 있을 수 없습니다. 실패할 것 같은 회담은 아예 정상회담 자체를 진행하지 않기 때문이죠.

설령 막판에 회담장에서 의견이 갈리더라도, 마치 '사실상 성공'에 이른 것으로 최대한 포장합니다. DJ는 지난 2001년 3월 당시 '첫 임기'를 시작한 '조지 W. 부시George Walker Bush' 대통령과 정상회담을 가졌는데, 대북 햇볕정책에 대한 이야기만 늘어놓다가 사실상 면박을 당했다는 이야기가 뒤늦게 전해졌습니다.

하지만 당시 회담 직후 청와대에선 '회담이 잘 됐다'는 평가를 내놓은 게 대표적 사례죠.

노무현 전 대통령도 비슷한 상황이었던 것으로 전해집니다. 당시 청와대 핵심 관계자는 한 티타임 자리에서 "노무현 전 대통령이 미국 조지 부시 대통령과의 정상회담에서 북한 김정은을 만나볼 것을 수차례 권했다"고 전해준 바 있는데요.

이에 대해 부시 전 대통령이 "김정은은 믿을 수 없는 사람"이라고 연신 거절하자, 노 전 대통령은 "믿을 수 있는 사람은 만나볼 것도 없이 믿으면 되는데, 믿을 수 없는 사람이기 때문에 만나보라는 것"이라고 끝까지 설득하려 했다고 합니다. 조지 부시 전 대통령이 난감하다는 표정을 계속 지었지만 말이죠.

지난 2018년 3월 28일 중국 신화통신 등에 따르면, 북한 김정은 위원장이 중국 시진핑 주석과 만나 "김일성·김정일의 유훈을 받들어 '조선반도의 비핵화 실현'에 힘을 다하는 것이 우리의 일관된 입장"이라고 밝혔던 것으로 전해지는데요.

할아버지인 김일성에 아버지인 김정일의 이름까지 거론하면서 '비핵화 실현'을 공개 거론했지만, 속내는 180도 달랐다는 것을 파악하기까지 그리 오랜 시간이 걸리지 않았습니다.

'북조선 비핵화'가 아니라 '조선 반도 비핵화'라는 표현에서부터 바로 의심이 들기는 했지만요.

중국 명나라 말기明末 홍자성洪自誠의 어록인『채근담菜根譚』을 우리 실정에 맞게 편집해, 지난 1917년에 발행한『한용운 채근담』「항상 근신하라」편에는 다음과 같은 교훈이 담겨 있습니다.

> "어려울 때 당하는 함정은 피하기 쉬우나,
> 즐거울 때 당하는 함정은 벗어나기 어렵다."

북한을 비롯해 주변국과의 외교를 담당하시는 분들은, 그 모든 회담會談에 앞서 꼭 한 번씩 되새겨야 할 문장입니다. 알면서도 모른 척 하실 게 아니라면 말이죠.

11 文의 '김정은 용인술'

문재인 전 대통령은 취임 직후 고(故) 아베 신조(安倍 晋三) 일본 총리와의 첫 통화에서, 아베가 '위안부 합의 이행'을 언급하자 "국민 대다수가 정서적으로 그 합의를 수용하지 못하고 있는 현실"이라며 일축(一蹴)했습니다. 2017년 8·15 경축사에선 '진실규명과 재발방지 약속' 등도 요구했고요.

지난 2021년 3·1절 기념사에선 "한국 정부는 언제나 '피해자 중심주의'의 입장에서 지혜로운 해결책을 모색할 것"이라고도 했습니다.

문 전 대통령은 일본군 위안부 문제 등에 대해 따져 묻는 과정에서 '피해자 중심주의', '국민 정서', '인류 보편의 가치', '진실 규명', '재발 방지' 등의 표현을 썼습니다. 일본은 불편할 수 있지만, 우리 입장에선 충분히 할 수 있고 또 해야만 하는 이야기였죠.

그런데 문 전 대통령은 해양수산부 소속 어업지도선 8급 공무원인 고(故) 이대준 씨 사망 사건인 이른바 '서해 공무원 피격 사건'이 벌어졌을 때에는, 북한에 대해 이와 같은 표현을 써가며 강하게 항의하지 않았습니다. 심지어 그 당시 정부 최고위급 관계자들이 이른바 '월북 조작' 의혹까지 받는 상황이죠.

이와 관련한 지난 2023년 6월 19일 재판에서, 문재인 정부 시절 청와대 국가위기관리센터장을 지냈던 A씨는 "이씨가 바다에서 실종된 초기 상황에 대해 "(당시 청와대도) 해상 추락으로 알고 있었고, 월북 시도라고는 아예 생각하지 않았다"며 "그러나 이후 서훈 전 국가안보실장의 지시로 이씨의 실종을 월북으로 몰아갔다"는 취지로 증언해 논란은 더욱 커진 상황입니다.

서 전 실장 공소장에 따르면, 서 전 실장은 지난 2020년 9월 23일 오전 9시쯤 국가안보실 비서관 회의를 열고 "남북 관계에도 매우 안 좋은 영향을 미치는 사건이 발생했다. 보안 유지를 철저히 하라"고 지시했는데요.

당시 일부 비서관이 "이씨 피격 사실을 공개하자"고 했으나 서 전 실장이 받아들이지 않자, 일부 비서관은 "미친 것 아니냐. 이거 덮을 일이냐. 실장들이고 뭐고 다 미쳤다"고 이야기했던 것으로 적시돼 있습니다.

관련 재판에서 이 같은 정황이 전해지자, 국민의힘 '해수부 공무원 피격 사건 진상조사 TF(태스크포스)' 단장인 하태경 의원은 "문재인 정부의 안보 수장들은 군사정부 시절의 '간첩조작'보다 더한, 더 악의적인 '월북조작'에 가담했다"고 비판했습니다.

문재인 정부 시절 감사원장을 지낸 국민의힘 최재형 의원도 "(당국이) 이씨가 북한 해역에서 발견된 사실을 인지하고 문 전 대통령에게 서면 보고한 후, 이씨가 피살돼 시신이 소각될 때까지의 3시간 동안 아무런 조치도 취하지 않았을 뿐 아니라 허위 사실을 근거로 '자진 월북'으로 몰고 간 정황이 자세히 나와 있다"고 거들었고요.

이런 상황에 대해 문재인 정부 청와대 국정기획상황실장을 지낸 민주당 윤건영 의원은 "문 대통령은 국민 안전이 남북 관계보다 우선이라는 차원으로 북한에 대해 강력 규탄했다"며 "그래서 예외적으로 김정은 위원장의 사과 입장이 표명됐던 것"이라고 주장했습니다.

그런데 북한이 보낸 통지문을 보면, '희생자'는 물론이고 '유가족'에 대한 사과와 위로는 없었습니다.

"우리 측은 북남 사이 관계에 분명 '재미없는 작용을 할 일'이 우리 측 수역에서 발생한 데 대해 귀측의 미안한 마음을 전한다", "우리 측 수역에서 불미스러운 일이 발생해 문재인 대통령과 남녘 동포들에게 커다란 실망감을 더해 준 데 대해 (김정은 위원장이) 대단히 미안하게 생각한다는 뜻을 전하라고 했다"고 적었을 뿐입니다.

도리어 북한은 당초 우리 국방부의 발표 내용에 대해, "귀측 군부가 무슨 증거를 바탕으로 우리에게 불법 침입자 단속과 단속 과정 해명에 대한 요구도 없이 일방적인 억측으로 '만행', '응분의 대가' 등과 같은 불경스럽고 대결적 색채가 깊은 표현들을 골라 쓰는지 커다란 유감을 표시하지 않을 수 없다"고 반발했습니다.

우리가 평소에 이해하고 있는 '사과謝過'와는 달라도 너무나 달랐습니다. 문 전 대통령이 강조했던 '피해자 중심주의'에서도 벗어나는 데다, '국민 정서'도 비판 일색이었습니다. '진실 규명'이나 '재발 방지' 대책도 전혀 담겨있지도 않았던 '통지문'이기 때문입니다.

만약 일본이 이런 식으로 '사과'했다면, 이를 받아들일 수 있을지 궁금합니다. 받아들이기는커녕 강력 규탄하지 않았을까요?

'서해공무원 피격 사건' 석 달 전인 지난 2020년 6월, 북한 김여정이 '대북전단'을 비난하는 담화를 발표했는데요. 그로부터 4시간 뒤, 통일부가 예정에 없던 브리핑을 갖고 '대북전단살포금지법'을 추진하겠다는 입장을 밝혔습니다. 이에 당시 야당에서는 '김여정 하명법'이라며 맹비난하기도 했죠.

따질 것은 철저히 따지면서도 함께 미래로 나갈 수 있도록 협력하는 태도를 견지하는 것은 그 대상이 북한이든 일본이든, 혹은 중국이든 다 똑같을 것입니다. 도대체 문 전 대통령에게 김정은이 어떤 인물이었길래, '인류 보편의 가치'에 대한 '일관성'을 기대하기 어려웠을까요?

12 '해묵은 고전', 발광체-반사체 논쟁

　항성이나 태양 같이 에너지를 스스로 내뿜으면서 생명의 빛을 발산하는 물체를 '발광체發光體'라고 하고, 아름답긴 하지만 스스로 빛을 생산하지 못한 채 항성의 주위를 도는 위성이나 달 같은 물체를 '반사체反射體'라고 합니다.
　반사체는 거대한 빛을 반사만 하기에, 만약 반사광이 없다면 사람들이 그 존재를 제대로 인식하지 못하게 되죠.
　우리가 살고 있는 지구도 '반사체'입니다. 최근에는 그나마 사정이 나아졌다고 볼 수 있지만, 50년 전만 하더라도 지구에서 '밝은 빛'을 전해주는 해(sun)가 없는 채 살아가는 것은 상상할 수도 없었습니다.
　그런데 재미난 사실은 발광체가 내뿜는 강렬한 빛과 에너지를 견뎌낼 수 없기 때문에, 발광체 내부나 지근거리에선 생명체가 살아갈 수 없다는 점입니다.
　비록 정치권에서는 생명체가 살아갈 수 있는 반사체보다, 오히려 발광체의 출현을 기대하고 또 이를 갈망하는 듯하지만요.

민주당 이해찬 전 대표는 지난 2021년 3월 17일, 유튜브 시사타파TV에 출연해 "대선 후보가 되려면 발광체가 돼야 합니다. 스스로 뿌리를 내려 생명력 있는 발광체가 돼야 호소력도 생기고, 국민들한테 동의 받는 그런 힘이 나오는 건데, 반사체가 돼서는 그걸 못 끌어갑니다"라고 했습니다.

그러면서 "윤석열 전 총장은 발광체가 아닌 반사체라 스스로 커나가지는 못할 것입니다"라고 덧붙였지요.

유시민 전 의원도 대선을 두 달 여 앞둔 2021년 1월 11일, "윤석열 후보는 문재인 정부 때리기 전략으로 반사적 지지율을 모아 여기까지 왔다면, 이재명 후보는 자체발광형으로 표를 모으면서 본선에 온 것"이라고 주장하며, 윤 대통령을 '반사체 정치인'으로 규정했습니다.

그런데 이들의 해석과 달리 '윤 전 총장', '윤 후보'는 권력자에 대한 끝없는 저항을 통해 점차 스스로 빛을 발하기 시작했고, 반사체의 울타리를 벗어나 국민의힘과 소속 국회의원들에게 힘을 전하는 '발광체'로 거듭났습니다.

이 전 대표와 유 전 의원의 전제에 오류가 있었던 것인지, 아니면 이들이 적용을 잘못한 것인지는 모르겠지만 말이죠.

그런데 '발광체'가 되고 난 이후에는, 자기 스스로를 '반사체인 듯' 자세를 낮춰야만 생명체와 공생할 수 있는 공간이 생긴다는 '우주와 대자연의 이치'를 깨달아야만 합니다.

'해묵은 고전', 발광체-반사체 논쟁

앞서 이 전 대표를 국무총리에, 유 전 의원을 보건복지부 장관에 각각 임명했던 노무현 전 대통령은 스스로에 대해 "나는 발광체가 아니라 반사체"라고 평가했습니다.

아마도 발광체는 국민이며, 자신은 그들의 꿈과 희망을 여과 없이 반사해 비추겠다는 취지의 표현이었을 겁니다.

일각에서는 노 전 대통령이 '노사모의 발광發狂'만 반사해서 비췄다고 강하게 비판하기도 하지만, 그가 핵심 지지층의 반대에도 이라크 파병이나 한미 FTA를 추진했던 것만 봐도 꼭 그렇지는 않았다고 볼 수 있겠죠?

'반사체 정치인'이 '발광체 지도자'로 도약하는 과정에서 큰 시련과 도전을 필연적으로 마주하게 됩니다. 발광체가 되고 난 이후의 영광은 클 수 있지만, 섣부르게 발광체의 겉모습만 흉내 내다 '험한 꼴'만 당하고 그 자리에서 쫓겨난 정치인도 부지기수로 봤습니다. 그래서 대부분의 정치인들이 반사체에 만족하며 살아가는 듯하기도 합니다.

대한민국 현대사의 한 시대를 풍미했던 3김이 '정치 9단'이라면, 대략 '정치 8단' 정도로 평가받는 김종인 전 보건사회부 장관은 지난 2009년 여름, MB의 국무총리직 제안을 받아들인 '정치 無경험자' 정운찬 전 총리에게 "대통령에게 할 말은 해야겠지만 총리가 대통령보다 더 빛나려 하면 안 된다. 그런 점을 늘 염두에 두라"고 조언했습니다. 스스로 반사체임을 늘 명심하고 행동하라는 충고였을 것입니다.

그런데 김 전 장관 스스로도 과거에 차기 유력 주자였던 박근혜-문재인 전 후보들보다 '더 빛나려' 하다, 끝내 그들과 결별했다는 이야기가 정치권에서 무게감 있게 회자된 바 있습니다.

그는 '대선 후보가 성공을 거두면, 자신의 쓰임이 사라지는' 이른바 '성공의 역설'을 지속적으로 경험한 것이라고 항변하지만요.

'해묵은 고전', 발광체-반사체 논쟁

5장

제도 개편보다는 결국 선한 정치로

01. '곤란한 질문' 당부한 오바마처럼
02. win with class, lose with honor
03. 핀란드의 '정 많은 작은 밥 집' 카모메 식당
04. "서러운 세월만큼 안아 달라"는 정치의 종언
05. 허기짐 난무한 정치 생태계 속 '공유 권력'
06. 따뜻한 말과 마음이 오가는 정치권
07. 정치도 의학처럼 예방에 치중해야
08. 주어 바뀌어도 유불리 따지지 않는 기준
09. 약자 배려 조항 속 싹튼, 명연설 '코이'
10. 기교부터 배운 정치 신인들, 기본으로 돌아가야

1 '곤란한 질문' 당부한 오바마처럼

> "저는 여러분 모두와 함께 일하는 것이 즐거웠습니다. 그동안 감사했다는 말을 전하고 싶습니다. 물론 여러분이 작성한 기사가 다 마음에 들었던 것은 결코 아니지만 말이죠. 하지만 그게 우리(권력과 언론) 관계의 핵심입니다. 여러분은 대통령인 제게 아첨하는 사람이어선 안 됩니다(You're not supposed to be sycophants). 팬이 아니라 회의론자(skeptics)여야 하죠. 제게 곤란한 질문(tough questions)을 해야 합니다. 사정 봐주고 칭찬(complimentary)하는 사람이 아니라. 막강한 권력을 가진 사람에게 비판적 시각을 가져야 우리를 이곳에 보낸 국민들에 대해 책임감을 갖고 일할 수 있으니까요. 여러분들이 그 일을 해왔습니다. 여러분들이 있기에 우리가 보다 솔직해지고 더 열심히 일할 수 있었습니다. 국민들의 요구사항을 올바르게 이행하고 있는지, 그렇게 하기 위해 어떤 것을 해야 하는지 생각하도록 해줬습니다."

지난 2017년 1월 18일, 미국의 버락 오바마 대통령이 퇴임을 이틀 앞두고 백악관 기자실을 찾아 위와 같은 이야기를 했습니다.

그는 미국 역사상 처음으로 초선 때보다 더 낮은 지지율로 재선에 성공했습니다. 재선에 도전한 지난 2012년 대선 당시, 50개주 가운데 26개 주에서만 승리했죠. 재선 이후 '오바마 케어'에 대한 피로감은 커져 갔습니다. 기자들의 질문 강도도 점차 세질 수밖에 없었을 텐데요.

퇴임 기자회견 현장에서 오바마의 마지막 브리핑을 접했던 백악관 출입기자들의 마음은 어땠을까요? 이날 백악관 주변은 '트럼프 대통령' 취임 준비 때문에 사방에 펜스가 쳐져 있었지만, 펜스 너머로 '오바마 대통령'의 마지막 모습을 보려는 지지 인파도 상당했던 기억이 납니다.

사흘 뒤로 예정된 '2017 WOMEN'S MARCH' 행사 참여를 위해 일찍이 워싱턴을 찾은 시위대까지 더해져, 주변 거리는 그야말로 '오바마 환송 인파'로 넘쳐났죠.

'가차 저널리즘(gotcha journalism)'이라고, 저명 인사들의 실수나 해프닝을 꼬투리 잡아 집중 보도하는 것은 언론이 반성해야 할 부분인데요. 하지만 '시의적절한 정권 견제 기능'이 권력의 '외압外押'에 의해 유명무실해져서는 안 되겠죠.

제가 문재인 정부의 청와대를 출입했을 당시, 오바마 전 대통령의 마지막 기자회견 발언이 귓가에 자주 맴돌았습니다. 불편한 질문에 대해서는 거의 답하지 않았고, 질문 그 자체를 잘 받아주지도 않았던 바로 그런 때 말이죠.

그런데 윤석열 정부 들어서도 제가 그 당시 느꼈던 기분과 비슷한 마음을, 타사 기자가 느꼈을 것 같은 상황들도 엿보였습니다. 물론 그런 모습이 나타나게 된 과정과 배경·태도 등은 완전히 달랐지만, 마주하게 된 상황만 보면 엇비슷하겠다는 생각도 가끔 들었던 겁니다.

마키아벨리는 『군주론』에서 주변의 아첨으로부터 자신을 보호하는 유일한 방법은 "상대의 말로 불편한 진실을 마주하게 되더라도, 자신이 결코 화를 내지 않는다는 사실을 널리 알리는 것"이라고 했습니다.

최고 권력자인 대통령과 그 주변의 고위 관계자들은 소위 '불편한 질문'에 대해서도 쉬이 넘기는 담대함을 가져야, 자신들의 가진 비범한 능력이 더 빛을 발할 것입니다.

공적인 인물인 대통령에 대한 기자들의 질문에 좋고 나쁨을 따지거나, 신경질적인 반응을 보이지 않아야 궁극적으로는 도움이 될 것입니다.

기자들 역시 '날 선 질문'이나 '현미경 검증'을 할 때, 상대에 대한 기본적인 예의를 평소보다 더 갖춰야 하겠지요. 물론, 예의를 갖춰 질문해도 신경질적으로 반응하는 사람도 있지만요.

정당은 권력을 생산하는 이익집단利益集團인 반면, 정부는 권력을 소비하는 공적인 기구입니다. 정권이 정당을 통해 통치의 힘을 수혈 받기는 하지만, 그럼에도 특정 정치세력에 유리하거나 우호적으로 권력을 소비해선 안 된다는 이야기입니다.

국정운영의 컨트롤 타워인 청와대나 대통령실이 마치 이익집단의 수장인 양, 혹은 그들을 대변하는 것에 머무는 '수준 낮은 모습'과는 이제 결별할 때도 된 것 같은데요?

2 win with class, lose with honor

미국의 영화제작자인 스티븐 스필버그Steven Allan Spielberg 감독의 '쉰들러 리스트1994'를 보면, 한밤중에 독일군이 유대인 거주지를 급습해 학살하는 장면이 나옵니다.

그 때 병사 한 명이 피아노에 앉아 바흐의 '영국모음곡 2번 전주곡(Bach:English Suite No.2 In A Minor, BWV.807)'을 연주하는 모습이 기억에 많이 남았는데요. 그 연주를 듣던 두 병사가 다음의 이야기를 주고받습니다.

"지금 흘러나오는 게 바흐의 곡인가"
"아니, 모차르트일 거야"

독일인이 음악의 아버지로 불리는 '독일의 자랑' 바흐의 곡을 모른다? 아마도 스필버그 감독은 이 장면을 통해, 독일인들이 행했던 유대인 학살은 이른바 '사이비 독일인들의 만행이었다'는 취지의 이야기를 전하고 싶었던 것 같습니다. 제대로 교육 받고 문화적 소양도 깊은 사람들이 그랬을 리 없다는 취지도 일부 느껴졌고요.

그런데 '정치적 유불리'에 따라 기준基準과 준거準據를 바꾼다면, 그것도 역시 '사이비'일 것입니다.

저는 미국 공화당의 도널드 트럼프 후보와 민주당의 힐러리 클린턴 후보가 맞붙었던, 지난 2016년 대선 취재를 위해 '워싱턴 특파원'으로 파견을 나갔습니다. 가족 동반이 아니었기 때문에, 주말에는 주로 지인 혹은 지인 가족들과 함께 보내는 경우가 많았는데요.

특히 외교관 남편을 둔 언론사 선배 가족과 자주 만났습니다. 그 선배의 아들은 워싱턴DC 인근의 한 리틀 야구팀에 가입해 활동했는데요. 시합이 있을 때 저도 여러 번 구경을 갔습니다.

경기장에서 특히 눈에 띈 장면은 시합 전에 항상 "우리는 기품 있게 이기고, 질 때도 영예롭게 진다(win with class, lose with honor)"라고 구호를 외치는 부분이었습니다.

아마추어 경기가 이뤄지는 경기장에서는 대부분, 이 구호를 단체로 외친다고 하더군요.

미국 메이저리그 경기를 보면 우리나라와 달리 타자가 홈런을 쳐도 방망이를 던지며 기쁨을 표현하는 이른바 '빠던방망이 던지기' 을 하지 않는데요. 어려서부터 이런 구호를 입에 달고 성장한 영향이 아닌가란 생각도 잠시 들었습니다.

반면, 이와 같은 '페어플레이 정신'과 '공동체 정신'을 저버렸을 경우 처절하게 '보복報復'하기도 합니다. 메이저리그에서 상대를 자극하는 플레이를 했을 때, 해당 선수에게 여지없이 빈볼을 던지며 응징하는 것이 일반화된 모습이지 않습니까? 같은 팀 선수 보호를 위한 '집단 벤치 클리어링(Bench-Clearing Brawl)'도 그렇고요.

이처럼 서로가 지킬 '선線'은 지켜가면서, 기품 있게 이기고 질 때도 영예롭게 진다는 취지의 언행을 어려서부터 몸과 마음에 익히는 '환경'이 조성돼 있는 점은 부럽다는 생각이 들었습니다.

승복을 모르는 정치, 언행이 지저분한 정치를 한국에서 오랜 기간 봐왔기에 더 그랬던 것 같은데요. 어른들끼리 치고받는 모습으로도 이미 충분히 질렸는데, 심지어 아무것도 모르는 아이들까지 자신의 정치적 유불리에 따라 이용하는 상황을 볼 때면 눈을 감고 귀를 막고 싶은 생각까지 들곤 했습니다.

부정적 사고를 하면, 아무래도 상대방의 강점보다는 약점이 더 크게 보일 텐데요. 그런 사고방식을 갖고 생활하면 '상대의 들보'를 보느라 정신이 팔려, 자신 앞에 놓인 '소중한 기회'도 자주 놓치게 될 것입니다. 넓게 보면 자신에게 큰 손해인 것이죠.

링컨은 논쟁을 벌일 때도 적절한 유머를 곁들여 시선을 집중시켰고, 분위기도 리드했습니다. 이로 인해 정적政敵마저 우군友軍으로 만들 수 있었고요.

이런 업적이 있었기에 미국 중서부 대평원의 사우스 다코다주 State of South Dakota에 있는 러시모어산 Mount Rushmore 암벽에 거대한 흉상이 새겨질 수 있었던 것 아니겠습니까?

win with class, lose with honor

3 핀란드의 '정 많은 작은 밥 집' 카모메 식당

지난 2007년 개봉한, 오기가미 나오코(おぎがみなおこ, Ogigami Naoko) 감독의 영화 '카모메 식당(Kamome Diner)'의 국내 총 관객수는 6543명입니다.

하지만 VOD(Video On Demand) 서비스 등을 통해 관람한 분들은 훨씬 더 많을 것으로 짐작됩니다. 저 역시도 그랬고요.

이 영화에서 영감을 받아 동명同名의 '오니기리주먹밥' 전문 프랜차이즈도 생겨났고, 소위 '대박'을 터뜨린 예능 프로그램 '윤식당' 제작에도 영감을 준 것으로 알려져 있죠. 영화는 차분하고 잔잔한 느낌인데, 파급 효과는 잔잔하지 않았던 것입니다.

'카모메 식당'은 핀란드에서 식당을 운영하는 한 일본 여성과 우연한 기회에 그 곳으로 모여든 사람들의 이야기로 구성됩니다. 핀란드와 일식당, 시나몬롤과 오니기리 등 다소 이질적일 것 같은 소재였지만, 영화를 보는 내내 이질감이나 거부감은 들지 않았습니다.

식당의 주인인 '사치에'는 항구도시인 헬싱키에 살찐 갈매기가 많다는 이유로, 식당 이름을 '갈매기 식당(かもめ食堂, ruokala lokki)'이라고 짓습니다. 주메뉴는 '오니기리'인데, 개업 한 달이 지나도록 손님이 한 명도 없었죠. 하지만 그는 처음 생각했던 '동네 식당' 컨셉을 바꾸지 않았습니다.

영화 속에서 '음식'은 극중 인물을 한 데 모으는 중요한 기능을 하는데요. 사치에가 식당에서 만든 첫 음식인 '시나몬롤' 등장 장면은, 영화가 시작되고 40분이 지나서야 나옵니다. 식당에 손님이 없어서 만들어야 할 요리가 없었기 때문이죠.

사치에는 언제나 그 자리를 지키면서 다양한 사람을 맞이했습니다. 그 과정에서 배고픈 사람들에게는 음식과 커피를, 위로가 필요한 사람들에겐 집처럼 편안한 공간을 제공했죠. 주변에 정情을 나누면서 형성된 '끈끈한 유대감'은 점차 확대됐습니다.

거창한 목표가 있었던 것도 아닙니다. 각자에게 어떤 사연이 있는지, 또 어떤 삶을 살아가는지와 무관하게 '따뜻한 주먹밥 정도는 함께 나누자'는 소박한 감정이었죠. 그런데 그 '선한 영향력'이 주변인들의 아픔을 조금씩 치유해주기에 이른 것입니다.

사회의 요구와 기대에 따라, 재원과 자원을 적절히 배분하는 것이 바로 정치의 책무責務일 텐데요. 우리 정치도 정 많고 공동체 의식마저 갖춘 '카모메 식당'과 같을 수 있다면 얼마나 좋을까요?

그렇게 된다면 최소한 '대통령의 위기(presidential crisis)' 또는 '통치의 위기(governing crisis)'가 심화되고 있다는 말은 듣지 않을 텐데

핀란드의 '정 많은 작은 밥 집' 카모메 식당

요.

　이런 측면에서 윤석열 대통령이 살아계신 '전직 대통령 내외분'을 모두 용산 집무실이나 청와대 영빈관으로 모시고 저녁 식사를 대접해보면 어떨까요? 이제는 이명박, 박근혜, 문재인 전 대통령까지 세 분 밖에 남지 않으셨으니, 더 늦기 전에 말이죠.

　DJ도 자신에게 정치적 탄압을 가했던 분들까지 청와대로 모셔, "국민들께 통합의 메시지를 전달하고 싶었다. 전직 대통령들과 국정 경험을 나누며 국난극복의 지혜를 얻고자 했다"고 하지 않았습니까?

　윤 대통령이 처한 입장은 DJ와 많이 다르지만, 서로 정을 나누면서 용서하고 화해할 수 있는 장場을 만든다는 측면에서 DJ때 이상으로 감동적인 장면이 연출될 수 있지 않을까요?

　우리의 아픈 역사, 되풀이 돼선 안 될 '정치 보복의 역사'를 끊을 계기를 마련하는 측면에서도 유의미할 것 같은데요.

4 "서러운 세월만큼 안아 달라"는 정치의 종언

"무심히 버려진 날 위해 울어주던 단 한사람.
커다란 어깨 쉬게 기대고 싶은 꿈을 당신은 깨지 말아요.
이 날을 언제나 기다렸어요. 서러운 세월만큼 안아주세요."

가수 심수봉 선생님의 '사랑 밖에 난 몰라' 가사 중 일부입니다. 예전엔 가사를 '주의 깊게' 듣지 못했는데요. 어느덧 마흔 중반으로 접어드니, 그 안에 함축된 의미를 이제는 아주 조금은 알 듯합니다. '서러운 세월만큼 안아달라'는 가사를 쓰신 심수봉 선생님의 문장력에 대한 감탄과 함께요.

이 아름다운 가사로 정치 이야기를 한다는 것이 죄송스럽긴 하지만, 잠깐 언급해볼까 합니다. 이른바 '우리가 남이가?', '우리가 남이여?'로 대변되는 '읍소泣訴 정치'와 '미워도 다시 한 번'의 투표

행태에 대해서요.

대한민국 사회는 특유의 연고주의緣故主義 정실주의情實主義 문화로 인해 사람이 아닌 구조構造 탓을 할 때가 많습니다. 세상이 빛의 속도로 변하고 있는데, 이런 분위기는 쉬이 바뀌지 않고 있죠.

그렇기 때문에 미국의 초대 부통령이자 제2대 대통령을 지낸 존 애덤스John Adams가 "다른 모든 과학은 진보하고 있는데도 정치만은 옛날 그대로다. 지금도 3000~4000년 전과 거의 차이가 없다"고 지적했나 봅니다.

이와 비슷한 지적은 '2300년 전'에도 있었습니다. 고대 그리스 최고의 희극 시인이자 작가인 아리스토파네스Aristophanes는 "요즘 정치는 배운 사람, 성품이 바른 사람의 직업이 아니다. 무지하고 지저분한 자들에게나 알맞은 직업"이라고 했으니까요.

특정 정치세력이 유권자의 지지를 받아 '시대의 총아寵兒'가 되는 것도 한순간입니다. 시대가 바뀌고 대통령이 바뀔 때, 소위 '2004년 탄돌이', '2008년 MB돌이', '2020년 코돌이' 출신 국회의원들이 생겨난 것을 보면요.

그런데 잘못된 유행에 편승해 유력 주자로 떠오른 인물이 훗날 국가 지도자가 됐을 때 어떤 일이 벌어질지를 상상해보면, 우리가 취해야 할 행동은 분명해 보입니다.

어느 분야든 정상에 오른 사람들은 남몰래 많은 눈물을 흘렸을 것입니다. 눈에서 나오는 눈물뿐 아니라, 마음으로 흘리는 피눈물까지요. 눈물이 '필요충분조건'은 아니겠으나, 눈물 없이 정상 자리에 우뚝 선 사람은 거의 없다고 봐도 무방할 것입니다.

눈물은 98.5%가 물인데, 나트륨이 포함돼 있기 때문에 짠 맛이 난다고 하죠? 분노에 찬 눈물은 더더욱 짜다고 하고요. 분노하면 자율신경의 교감신경이 흥분해, 수분이 적고 나트륨이 많은 눈물이 나온다고 합니다.

요새 다들 건강 생각하면서 나트륨이 덜 들어간 음식을 찾지 않습니까? 정치인도 이와 비슷하게 선택해보면 어떨까요? '나트륨 많이 들어간 분노에 찬 눈물'을 흘리는 정치인에게는 표를 주지 않는 것이죠. 보복은 또 다른 보복을 낳을 테니까요.

일류 정치인은 선거 전부터 이른바 '싹수'가 보입니다. 돈과 조직에 의존하지 않고 선명한 메시지에 승부를 걸고, 경쟁자를 헐뜯기보다 자신이 무엇을 할 수 있는지를 전하고 설득합니다. 지역 이슈뿐 아니라, 정책 이슈에서도 결코 밀리는 법이 없고요.

프랑스의 정치학자이자 역사가인 토크빌Tocqueville은 "국민은 자신들의 수준에 맞는 정부를 갖는다"고 했습니다.

뭔가 도와주고 싶거나 안타까운 생각이 들어서, 혹은 눈앞의 실정을 외면한 채 감정적으로 투표하면 결국 '일그러진 영웅'을 선택한 그 유권자만 불쌍해지기 마련입니다. 부적절한 소통이 전해주는 만족감이 가실 때쯤, 씁쓸한 뒷맛이 강하게 남는 법이죠.

결국 '서러운 만큼 안아달라'는 정치권의 요구를 들어주면, 그 스스로도 서러움을 겪게 될 것입니다. 나아가 대부분의 국민들이 서러워질 수도 있는 것이고요.

5 허기짐 난무한 정치 생태계 속 '공유 권력'

고대 그리스 신화Greek mythology 에 '에리시크톤Erysichthon'이라는 테살리아의 왕이 등장합니다.

오만했던 그는 신을 공경하지 않았는데요. 주변에서 수차례 경고했음에도, 데메테르 여신에게 봉헌된 '신성한 참나무 숲'을 베어 버렸습니다.

격노한 데메테르는 에리스크톤에게 '아무리 먹어도 채울 수 없는 영원한 식욕'을 형벌刑罰로 내렸습니다.

그 이후 에리스크톤은 자신의 엄청난 재산을 '끝 모를 허기짐'을 채우는 데 전부 탕진하고, 돈이 떨어지자 시종들과 자신의 딸까지 팔아가며 음식을 사먹기에 이릅니다. 급기야 자신의 몸까지 먹어가며, 치아만 남을 때까지도 계속 음식을 탐하게 되죠.

무언가를 지속적으로 탐한다는 측면에서, 맹목적으로 권력을 추구하는 우리 정치권의 모습도 일견 비슷해 보입니다.

어떤 욕망이든 완벽하게 채워지길 기대하는 것은 매우 어리석은 일로, 욕망의 과잉은 '엔트로피(entropy)'만 증가시킬 뿐 필연적으로 마주하게 될 '의식의 빈곤'은 채울 길이 없습니다.

미디어 전략가인 톰 굿윈Tom Goodwin은 "세계 최대의 택시회사인 '우버'는 자체적으로 보유한 차량이 없고, '에어비엔비'도 자체 보유 부동산이 없다. '페이스북'도 콘텐츠를 직접 제작하지 않는다"며 공유와 공생의 개념을 역설했습니다.

우리 정치권이 나아갈 방향도 이와 다르지 않다고 생각됩니다. 유권자를 완벽하게 소유하려 드는 권력, 국민을 지배하려는 권력이 과연 얼마나 오래 버틸 수 있다고 생각하시나요?

정치부 시절을 되돌아보면, 상대방을 공격하면서 모든 것을 소유하려 했던 '선거운동 기간의 방식' 그대로 국정을 운영하려 할 때 갖가지 문제가 발생했습니다. 국정운영 과정에서는 그와 같은 방식이 일시적 효과를 가져다줄지 몰라도, 길게 보면 큰 혼란과 부작용을 야기해 오히려 독이 되는 경우를 많이 봐왔습니다.

선거운동은 명실상부 'all or nothing'으로 모든 것을 다 걸고 겨루는 도박賭博과도 같은 게임인데 반해, 국정운영은 상대방을 파트너로 인정하는 가운데 서로 'win-win' 할 수 있는 합의점을 모색해야 하는 협업協業이기 때문입니다.

쇼펜하우어Arthur Schopenhauer는 "내가 이렇게 하면, 남들이 뭐라고 생각할까? 늘 이런 생각에 사로잡혀 있는 사람은 노예"라고 했는데요. 우리 정치인들은 이런 측면에선 오히려 '노예 근성'을 발휘해야 더 큰 사랑을 받을 수 있을 것이라는 생각이 듭니다.

국회가 마비돼 정부가 추진하는 '핵심 과제' 법제화에 실패했을때, 정치적 손실을 가장 크게 입는 주체는 바로 대통령입니다. 대통령이 모든 것을 소유하기 위해 '마치 남의 이야기 하듯' 국회를 비판하는 것은, 현실적으로 볼 때 비효율적인 데다 공허하기까지 하죠.

"영국 국민은 런던 템스 강Thames River가의 의사당 불빛이 켜져 있는 한 편히 잠자리에 든다"는 영국 격언이 있는데요. 우리는 반대로, "여야가 싸울 수 없도록 국회의사당 불빛이 꺼져 있어야, 국민들이 편히 잠들 것"이라는 자조가 나오기도 하지 않습니까?

국회는 '거의 세계에서 유일하게 의사일정을 협의하느라 시간을 낭비한다', '여야가 본질을 가지고 토론한다기보다, 국회를 열 것인지 말 것인지를 놓고 싸우는 시간이 더 많다'는 비판을 받습니다. 조금 더 과하게 표현하면 '국회의장도 국회가 언제 열릴지 모를 때가 있는 나라'라는 지적도 받고요.

이 같은 구태를 극복하기 위해 정치권이 '끝 모를 허기짐'이 난무한 정치 생태계에서 벗어나, '공유 권력' 발상에서 해법을 찾아야 할 텐데요.

이는 '여야가 상임위를 나눠가져야 한다'는 차원의 주장은 아닙니다. 기계적으로 나눠 갖는 것은, '책임 정치 구현'이라는 측면에서 오히려 정치 발전을 역행할 수 있습니다.

'무한 책임'이 따르는 만큼의 '넉넉한 권한'을 갖는 여당과 정권에 대한 민심 이반을 계기로 새롭게 권력을 잡게 된 과거의 야당이, 서로 막힘없이 순환하는 구조를 갖출때 우리 정치도 충분히 발전할 수 있을 것입니다.

　자신의 순번이 됐을 때 '야당의 발목 잡기'가 없는 가운데 구상했던 정책을 원 없이 펼치고, 혹시라도 새로운 시도가 민심을 얻지 못할 경우 '한 박자 쉬면서 차기를 노리는 환경'이 무르익는다면 그것이 바로 '공유 권력' 아니겠습니까?

6 따뜻한 말과 마음을 주고받는 정치권

> "뱃길, 철길, 고속도로, 산길, 들길 이 모든 길들은 그냥 자연 현상이 아니라 우리에게 무엇을 뜻하는 인간의 언어다. 언어는 인간만의 속성이다"

-박이문, '길'-

    이른바 '말조심 하라'는 교훈은 동서고금東西古今의 조상들께서 넉넉하게 전해주신 듯한데요. 우리 속담俗談에 "말 한 마디로 천 냥 빚을 갚는다"며 좋은 말로 가르침을 주기도 했고요. "병은 입으로 들어오고, 재앙은 혀에서 나간다"며 에둘러 주의를 주기도 했습니다.

    『명심보감』제18강「언어편」을 보면, '君平曰군평왈 口舌者구설자는 禍患之門화환지문이요 滅身之斧也멸신지부아니라'라는 구절이 있는데요. 이는 '입과 혀는 재앙과 환란의 문이요, 몸을 망치는 도끼'

라는 의미를 담고 있습니다.

『성경』야고보서 3장을 봐도 "보라, 얼마나 작은 불이 얼마나 많은 나무를 불태우는가. 혀는 곧 불이요 불의의 세계"라는 구절이 나옵니다.

남아프리카공화국 최초의 흑인 대통령이자 흑인인권운동가인 넬슨 만델라Nelson Mandela는 "어떤 사람에게 '그가 이해할 수 있는 언어'로 이야기 하면 그것은 머릿속으로 가는데, '그의 언어'로 이야기 하면 그것은 그의 마음속으로 직행한다"고 했습니다.

만델라는 27년 간 감옥살이를 하면서, 백인 우월주의자들의 언어를 배우고 익혔습니다. 백인들의 문화와 역사 관련 책을 탐독耽讀했으며, 심지어 그들이 즐기는 럭비 경기까지 봤다고 하죠?

제2회 전국 동시 지방선거를 일주일 여 앞둔 지난 1998년 5월 27일, 경기도 시흥에서 열린 한나라당 정당연설회에서 한나라당 김홍신 의원은 "DJ는 입만 열면 거짓말을 한다. 수 십 년 동안 계속 거짓말을 하고 있다. 사람이 죽으면 염라대왕이 잘못한 것만큼 그 사람을 바늘로 뜨는데, 김 대통령과 임창렬(경기지사)후보는 거짓말을 너무 많이 하고 사람들을 너무 많이 속여 '공업용 미싱'으로 박아야 할 것"이라고 했습니다.

이에 여당인 새정치국민회의는 김 의원을 명예훼손 등의 혐의로 서울지검에 고발했습니다. 결국 김 의원은 이 발언으로 인해, '형법상 모욕죄'로 벌금 100만 원을 선고받았습니다.

당시 '공업용 미싱' 발언 이후, 온 나라가 뒤집힐 정도로 정치 공방이 이어졌는데요. 최근 정치권이 주고받는 발언 수위를 보면, '공업용 미싱'은 거의 애교 수준이라고 봐도 무방할 정도입니다. 정치권의 언어에 예의禮儀·배려配慮·품위品位·금도襟度·전아典雅가 빠져있기 때문입니다.

'상대방을 향한 거친 톱질이 길어지면 길어질수록, 톱밥이 수북하게 쌓이는 이치'를 깨닫지 못하는 듯한데요.

이는 일본 출신으로 메이저리그에서도 활동한 야구선수인 '스즈키 이치로Suzuki Ichiro'와 '오타니 쇼헤이Ohtani Shohei'의 발언 태도를 비교해보면, 어렵지 않게 파악할 수 있습니다.

인터넷이 발달하기 이전인 1990년대 후반의 어느 날로 기억하는데요. '투혼의 스트라이커'인 최용수 선수가 '한일전을 앞두고 어떤 마음가짐이냐'는 한 방송기자의 질문에, "마 그냥, 확 뽀사 뿔겠씁니다"라고 답했던 기억이 있는데요.

그 당시야 소위 '방송이 지나가버리면' 논란될 여지는 없었는데, 지금은 상황이 많이 달라졌죠? 최용수 선수가 최근 인터뷰에선 한일전 필승 비법에 대해 "압박, 또 압박"이라는 표현을 사용하시더라고요.

우리나라에서 거의 '공공의 적'이 돼 있는 이치로는 2006년 'WBCWorld Baseball Classic'를 앞두고 가졌던 한 언론 인터뷰에서 "(한국이) 앞으로 30년 동안 일본에 이길 수 없다고 생각하도록 만들어 주겠다"고 했는데요.

인터뷰 내용이 각종 언론을 통해 전해지면서, 우리나라에선 '싸

가지 없다', '건방지다'는 비판이 연이어졌습니다.

반면 오타니는 2023년 WBC를 앞두고 "한국에 훌륭한 선수가 많다. 한국은 세계 무대에서 싸울 수 있는 선수들이 있는 팀이다. 훌륭한 야구를 하고 있다"고 평가했고요. 4강전을 앞두고는 "대만이나 한국이 아쉽게 떨어졌지만, 일본이 우승하면 '다음에는 우리도 우승해야지'라는 마음이 생기지 않을까? 그렇게 된다면 함께 성장할 가능성이 있다고 생각한다"고 말했습니다.

우승 직후 MVP를 수상한 뒤 인터뷰에선 "일본뿐 아니라 한국, 대만, 중국 등 전 세계 다른 나라에서도 '야구가 더 사랑받았으면 좋겠다'는 마음이 동력이 돼 우승할 수 있었다"고도 했고요.

실력만큼이나 인성도 뛰어나다는 평가를 받으면서, '일본 사람이지만 최소한 오타니 만큼은 응원해줄 만하다'는 인식도 조금씩 자리해가는 듯합니다.

한일전이라면 하다못해 '가위바위보'까지도 다 이겨야한다는 확고한 신념이 있는 우리나라에서 대단한 인식의 변화인 것이죠. 이런 측면에서 이태원 선생님의 '솔개 1988' 가사는 정말 의미심장한데요. 같이 한 번 읽고 가실까요?

우리는 말 안하고 살 수가 없나 날으는 솔개처럼
권태속에 내뱉어진 소음으로 주위는 가득하고,

푸른 하늘 높이 구름 속에 살아와
수많은 질문과 대답 속에 지쳐버린 나의 뿌리여.

따뜻한 말과 마음이 오가는 정치권

7 정치도 의학처럼 예방에 치중해야

> "최고의 행복은 권력에 있는 것이 아니라 자유에 있다.
> 이것이 나의 원칙이며 교육에 접목시켜야 할 핵심이다."

-장 자크 루소, '에밀'-

　최근 TV나 인터넷, 잡지 등을 보면 정말 예쁘고 잘 생긴 '가상인간假像人間'이 특정 회사나 제품을 홍보하는 모습 많이들 보셨을 겁니다.
　지난 1762년에도 프랑스의 사상가인 '장 자크 루소'가 자신의 교육 철학을 담은 저서 『에밀』에, '에밀'이라는 이름을 가진 가상의 학생을 등장시켰는데요. 그 책이 위의 문장으로 시작합니다.
　루소의 말처럼 언제 빼앗길지 모르는 권력을 손에 꽉 쥐고 있을 때보다, 모든 것에서 자유로울 때가 오히려 더 마음이 편하고 행복하다는 것은 부인하기 어려운 이야기일 텐데요. 권력을 손에서 내려놓을 수 있는 용기가 있어야 비로소 자유도 얻을 수 있겠죠.

국정운영 과정에서 야기될 각종 사고를 미연에 방지하려면 어떤 대비가 필요할까요? 인사가 만사고 모든 것의 시작이라고 하니, 그 무엇보다 사람을 쓸 때 신중에 신중을 기해야할 것입니다. 불도저 같은 MB도 "사람을 쓸 땐 햄릿이 된다"고 했으니까요.

같은 헌법과 법률일지라도 누가 집권하고 소비하느냐에 따라 그 결과물은 180도 달라지기 마련입니다. 같은 악기를 연주해도 연주자에 따라 음색이 달라지고, 똑같은 운동용품을 써도 프로 선수들과 아마추어 선수들의 그것이 큰 차이가 나듯 말입니다. 국가경영도 마찬가지겠지요.

블랙스완 이론(Black Swan Theory)이라고 다들 들어보셨을 겁니다. 지난 1697년 네덜란드의 윌리엄 드 블라밍Willem de Vlamingh이란 탐험가가 서부 오스트레일리아에서, '이제껏 존재할 것이라고는 상상할 수도 없었던, 기존 상식에 벗어나는' 그야말로 획기적인 흑고니(검은 백조)를 발견했습니다.

그 이후 전혀 예상할 수 없었던 일이 실제로 나타나는 경우를 일컬어 '블랙스완'이라고 명명하기에 이르죠.

대통령의 인사는 인간의 '오감 능력五感 能力'의 한계를 인정하고, 더 풍부한 상상의 나래를 펼쳐야 국민들에게 감동을 전할 수 있습니다. 그렇기 때문에 질병 치료도 중요하지만, 아예 질병 자체를 예방하고자 하는 현대 의학 추세에 맞춰 '문제를 야기할 인사'는 피하고 예방하는 쪽으로 방향을 잡아야 보다 합리적일 것입니다.

'매'는 큰 먹이를 사냥할 때 간혹 발톱이 빠진다고 합니다. 자신의 건강 상태를 고려하지 않고 무리하게 사냥을 해도 그와 비슷한 상황이 발생한다고 하고요.

능력과 건강 상태 등을 고려하지 않은 '무도한 도전'은 새로운 발톱이 자라나는 '시간의 형벌'을 수반합니다.

문재인 정부에서의 '고위공직자 수사처(공수처)'를 떠올려보면, 애초에 검찰 내부의 에이스급 인사들은 근무지를 공수처로 옮기는 것 자체를 내켜하지 않았습니다. 사실상 긴 정년이 보장되지도 않는데다 정치적 이해관계 등이 맞물려 돌아간다는 점이 부담스러웠겠죠.

이 때문에 출범 초기 관심은 과도하게 받았지만 전체 조직 규모가 넉넉하지도, 인적 구성이 압도적으로 뛰어나지도 못한 상황에서 시작하게 됐습니다.

그런 상황에서 검찰을 개혁하고 소위 법조 엘리트들의 카르텔을 깨부수겠다는 과도한 욕심을 부린 것 자체가 사리에 맞지 않는 것과 같은 이치라는 것이죠.

앞서 밥 딜런의 곡 'Like a rolling stone'의 가사 가운데, "When you got nothing, you got nothing to lose"라는 소절을 소개하면서, 늘 가슴에 새기면 좋을 것 같다는 말씀을 드렸는데요.

위정자들이 기왕 가슴에 새길 거, 독일 출신의 구텐베르크

Johannes Gutenberg가 인쇄술을 발명한 이후『성서』다음으로 인쇄한 것으로 알려진 '키케로Marcus Tullius Cicero'의『의무론』도 함께 새기면 좋을 것 같습니다.

로마공화정 말기의 철학자이자 정치인가였던 키케로가 말년에 자신의 아들에게 편지 형태로 보낸 아래의 내용까지요. 즉, 권력보다 행복한 자유를 얻기 위해서는 절제가 필수불가결하다는 것을요.

> "자연은 우리에게 일관된 성격, 중용, 절제, 수치심의 속성을 부여했고, 바로 그 자연이 우리에게 어떻게 행할지 가르치고 있다.
> 욕망을 이성에 복종케 하라. 자연은 본래 우리 보고 게임이나 농담을 하라고 이 세상에 내보낸 것이 아니라 오히려 절제된 삶을 통해 더 중요하고, 어떤 큰일에 열중하라고 우리에게 생명을 부여한 것이다."

8 주어 바뀌어도 유불리 따지지 않는 기준

> "오늘부터 저는 국민 모두의 대통령이 되겠습니다.
> 저를 지지하지 않은 국민 한 분 한 분도 저의 국민 우리의 국민으로 섬기겠습니다.
> 보수와 진보의 갈등은 끝나야 합니다. 대통령이 나서서 직접 대화하겠습니다.
> 야당은 국정운영의 동반자입니다. 대화를 정례화하고 수시로 만나겠습니다.
> 능력과 적재적소를 인사의 대 원칙으로 삼겠습니다.
> 저에 대한 지지 여부와 관계없이 훌륭한 인재를 삼고초려해서 일을 맡기겠습니다.
> 불가능한 일을 하겠다고 큰소리 치지 않겠습니다.
> 잘못한 일은 잘못했다고 말씀드리겠습니다.
> 거짓으로 불리한 여론을 덮지 않겠습니다."

첫 문장에서 바로 감이 오신 분들도 계실 텐데요. 위 글은 지난 2017년 5월 10일 제19대 대통령에 공식 취임就任했던 문재인 전 대통령의 취임사입니다.

비록 취임 당시 약속이 지켜지지 않아서 그렇지, 내용만 놓고 보면 그 어떤 당선인이 읽어도 전혀 어색하거나 문제될 내용이 없습니다. 적극 권하고 장려해야할 '정답'이 담겨 있을 뿐이죠.

이 글을 쓰면서 취임사를 다시 한 번 읽어보니, 정말 구구절절에서 의미심장한 상황들이 떠올랐습니다. 정말 한 줄 한 줄마다 뭐가 어떻게 잘못됐는지, 어떤 방식으로 취임 당시의 약속을 기만하는 상황이 벌어졌는지 머릿속에 세세하게 그려졌습니다.

미국으로 잠시 넘어가 볼까요? 미 수정헌법 제1조를 23미터의 대리석을 사용해 건물 전면에 새긴, 세계 최대의 언론박물관 '뉴지엄Newseum'의 소위 지정학적 위치는 매우 상징적입니다.

워싱턴DC 북서 펜실베니아 에비뉴 555번지에 위치해, 백악관과 의사당을 직선으로 연결하는 중심도로인 펜실베니아 에비뉴의 한복판에 자리잡았으니 말이죠.

백악관과 의사당 그 어느 쪽에서 이동해도 차로 5분 거리입니다. 이를 두고 행정부와 의회의 중간쯤에서 서서 한 쪽으로 치우치지 않고 양쪽을 견제한다는 의미도 일부 담겨있을 것이라고, 워싱턴특파원 시절 타사 선배들과 이야기했던 기억이 있습니다.

'뉴지엄' 전면에 새겨진 수정헌법 1조가 '길 건너편에서도 읽을 수 있도록' 크게 새겨진 이유는, 의견을 달리하는 상대측에서도 '꼭

주어 바뀌어도 유불리 따지지 않는 기준

지켜야 할 불변의 진리'로 인식돼야 한다는 의미까지 담고 있을 것이라는 해석까지 곁들여서요.

지난 2008년 개관한 뉴지엄은 그 지리적 위치 덕분에, 지난 2009년 1월 20일에 진행된 미국 제44대 대통령 버락 오바마 취임식 이후부터 모든 대통령 당선인들이 '자동차 퍼레이드'를 할 때 반드시 이곳을 지나가야 합니다.

취임식장으로 가던 '도널드 트럼프 대통령 당선인', 그리고 취임 직후 퍼레이드에 나선 '제45대 대통령 도널드 트럼프'를 이 거리에서 지켜봤던 기억도 납니다.

역대 대통령 가운데 처음으로 '자동차 퍼레이드'를 하면서 '뉴지엄'을 지나간 오바마 전 대통령은 미국 최초의 흑인 대통령이자, 사회적 약자의 인권을 강력하게 주창하던 대통령이기도 했는데요. 그는 이 기준을 북한에도 예외없이 적용했습니다.

임기 첫 해 '핵 없는 세상'을 발표한 뒤, 이듬해 북한을 핵 확산국으로 규정하는 '핵 태세 검토 보고서NPR'를 발표했고요. 러시아와의 핵무기 감축 협정 갱신, 제1차 핵 안보 정상회의 등 굵직한 비핵화 프로그램을 잇따라 진행했습니다.

임기 초반부터 단계별로 단호한 조치를 취했고, 이 같은 기조는 그의 임기 8년 내내 이어졌습니다. '유색인종', '동성애자', '장애인' 등에서 주어가 '북한'으로 바뀌더라도 태도 변화가 없는 그야말로 확고하고 일관된 기준을 보여줬던 것이죠.

이처럼 기준이 일관돼 '예측 가능한 행보'를 보여야 국민들이 믿고, 안심하고 지지할 수가 있는 것 아니겠습니까?

국민들 역시도 '일관된 기준'을 가지고 정부 정책에 대해 평가해야, 정치인들의 '예측 가능성'을 기대할 수 있을 것이고요.

동유럽 사회주의의 붕괴를 지적한 논문인 '역사의 종언'으로 주목을 받았고, 마르크스적 역사의 종언도 주장한 프랜시스 후쿠야마Francis Fukuyama 미 프린스턴대 교수는 "정부를 통해 공익을 증진하는 것보다 정부로 하여금 아무 일도 못하게 하는 것이 더욱 수월해지고 빈번해지고 있다"고 지적했는데요.

이렇게 되면 '사회적 비용'이 점차 커질 수밖에 없는 만큼, 국가적으로 매우 우려스러운 상황으로 번져갈 수도 있습니다. 이런 차원에서도 소위 주어가 바뀌어도 일관된 기준점을 가질 수 있도록 하는 '전 사회적 각성운동'이 그 어느 때보다 필요해 보입니다.

9 약자 배려 조항 속 싹튼, 명연설 '코이'

제13대 국회의원(민주정의당)과 국회 사무총장을 지낸 고(故) 이광노 전 의원의 아들인 고(故) 이일세 전 새천년민주당 장애인특별위원장은 '미국 하버드 케네디스쿨' 출신 가운데에서도, 학교 발전의 큰 획을 그은 분으로 꼽힙니다.

그는 지난 1984년 용평 스키장에서의 사고로 경추 5, 6번이 손상돼 전신마비 장애인이 됐는데, 사고 후 12년 만에 전 세계의 수재秀才들이 몰린다는 '하버드 케네디스쿨'에 입학했습니다.

그런데 그가 입학하기 전까지 케네디스쿨 교수·직원·학생 가운데 휠체어에 몸을 의지해야만 하는 관계자는 아무도 없었습니다.

그런 상황에서 이 전 위원장이 입학했는데, 학교 측에서 "불편한 것이 없느냐"고 묻자, 그는 "본관 중앙 출입문이 수동식이라 불편하다"고 답했습니다.

대학원 건물은 지난 1936년에 건립됐는데요. 케네디스쿨 측에선 "불편하다"는 답변을 받자마자 건물 출입문 3곳을 자동문으로 바꾸는 공사를 시작했고, 2주 만에 마무리했습니다.

그는 지난 1998년 여름, 대학원을 졸업한 뒤 한국으로 돌아왔는데요. "김포공항에 내리는 순간 몸이 다시 마비되는 것 같았다"고 회고했습니다.

다른 나라에서 나고 자란 단 한 명의 장애 학생을 위해 미국 최고의 명문대도 대학원 건물을 뜯어 고쳤는데, 한국에 돌아와 보니 고향 땅은 여전히 '장애인 복지의 불모지'로 비췄던 것이죠.

그는 이후 각종 시민사회 운동과 함께 새천년민주당 장애인위원장에 당무위원까지 역임했지만, 국회 입성엔 실패했습니다.

그런데 그가 도전했던 제 17대 국회에 '다른 장애'를 가지신 분은 입성에 성공했습니다. '6·25' 때 눈을 다친 이후 앞을 보는데 불편함이 점차 커지다, 19세 때 완전히 시력을 잃게 된 분이 한나라당 비례대표 8번을 받아 국회에 입성했던 것입니다. 첫 시각장애 국회의원이라는 타이틀까지 얻게 된 분은 정화원 전 의원입니다.

그런데 정 전 의원도 국회 입성 직후부터, 이 전 위원장이 김포공항에 내렸을 당시에 느꼈던 그 답답함과 당혹스러운 상황을 겪게 됐습니다. 대한민국 국회가 정 전 의원의 '안내견 출입'을 허락하지 않았기 때문이죠.

국회법에 "회의 진행에 방해되는 '물건'을 반입해선 안 된다"고 적시돼 있는데, 정 의원의 '눈'이 돼 주는 '소중한 동반자'인 안내견을 회의 진행에 방해가 되는 '물건'으로 취급했던 것입니다.

제가 처음 국회를 출입했던 시절, 당시 정 의원이 의사당과 회관 등을 오갈 때 '편치 않게' 이동하셨던 모습을 봤던 기억이 생생합니다. 같은 초선이었던 열린우리당의 이상민 의원도 당시 휠체어로 이동하는 곳곳에서 마주한 각종 '턱' 때문에 불편함을 많이 겪으셨던 것으로 기억되고요.

4년 뒤 제18대 국회엔 '전동 휠체어'에 몸을 의지하셨던 정하균 의원이 미래희망연대 소속(훗날 새누리당 합당)으로 입성했습니다.

정화원 의원과 정하균 의원이 '바통'을 터치하던 그 사이, 국회 본관 하층부 리모델링 사업이 진행돼 수많은 불편 요소가 개선되긴 했습니다. 하지만 공사하시는 분들이 아무래도 '장애 당사자'가 아니기 때문에 디테일한 부분에서는 시행착오가 있기도 했죠.

정 전 의원은 함께 대화하며 국회 본관을 걸을 때 "혹시 불편함 없으시냐"고 여쭤보면, 일부러 전동휠체어를 빠르게 이동시키셔서 제게 불편함을 주시던 유쾌한 분이기도 하셨습니다. 그 속도를 따라가다 숨찼던 기억도 선명하고요.

시설만 보면 '국회가 점점 좋아지고 있다'는 생각이 들었는데요. 제21대 국회 개원을 한 달 앞두고 시각장애인인 '김예지 당선인'의 안내견에 대해, '전례가 없다'며 국회 출입을 허용해야 할지 고민하는 장면을 보면서 느낀 황당함은 아직도 지울 수가 없습니다.

공공장소와 대중교통에 '안내견 출입'을 보장하는 내용을 담은 장애인복지법이 세상의 빛을 볼 수 있도록 했던 국회가, 너무나 당연한 일을 두고 고민한다는 이야기를 들으니 말입니다.

국회는 결국 김 당선인의 안내견 출입을 허했지만, 뒷맛은 씁쓸했습니다.

당시 저보다 더 황당하셨을 것 같은 국민의힘 김예지 의원의 2023년 6월 14일, 교육·사회·문화 분야 대정부질문에서 기립박수를 받았습니다.

김 의원은 이날 물고기 '코이'에 대해 언급하면서, 우리 사회가 약자와 소수자들에게 큰 강물이 돼 주길 기대한다고 했습니다. 아래는 그의 주요 발언입니다.

> "코이는 환경에 따라 성장의 크기가 달라진다는 코이의 법칙으로도 알려져 있습니다. 작은 어항 속에서는 10cm를 넘지 않지만 수족관에서는 30cm까지 자라고, 강물에서는 1m가 넘게 자라나는 그런 고기입니다.
> 아직도 우리 사회에는 사회적 약자와 소수자들의 기회와 가능성,
> 성장을 가로막는 다양한 어항과 수족관이 있습니다. 이러한 어항과 수족관을 깨고 국민이 기회의 균등 속에서 재능을 마음껏 발휘할 수 있도록
> 정부가 더욱 적극적으로 강물이 돼 주시기를 기대합니다."

이 발언이 끝나고 장내에 있던 여야 의원들이 모두 그에게 박수를 보냈고, 일부는 기립박수를 쳤습니다.

국회법 제122조 2항을 보면, 대정부질문 시간은 20분을 초과할

약자 배려 조항 속 싹튼, 명연설 '코이'

수 없도록 명시돼 있습니다. 그런데 당시 김 의원은 도합 26분을 발언했습니다. 어떤 규정이 있었기에 가능했을까요?

국회는 지난 2005년 7월에 제122조 3항을 신설했는데요. 시각장애 등 신체장애가 있는 의원이 대정부질문을 하는 경우, 의장은 각 교섭단체 대표의원과 협의해 별도의 추가 질문 시간을 허가할 수 있다고 규정했습니다.

이에 따라 지난 2005년 정화원 의원과, 2009년 정하균 의원이 추가 시간을 받아 연설했는데요. 2023년에 김예지 의원 역시 같은 규정에 따른 혜택을 받아 '코이'를 소재로 한 명연설을 해낼 수 있었던 것입니다.

2023년 6월 교육·사회·문화 대정부 질문에선, 김 의원 발언 전까지 장내에서 지속적으로 고성과 욕설 비슷한 거친 말들이 오갔습니다.

정치적 지향점이 다르기 때문에 정쟁政爭이 벌어진 것인데, 그럼에도 그 안에서 잠시나마 '공통 분모'가 있었다는 점은 평가할 만합니다.

우리 사회 곳곳에 '국회법 제122조 3항', '자동문', '안내견', '강물'과 같은 마음과 장치가 있다면 어떨까요? 그렇게 되면 제2의 우영우나 제2의 김예지를 꿈꾸는 분들이 더욱 큰 희망을 가지게 될 수 있을 텐데요.

10 기교부터 배운 정치 신인들, 기본으로 돌아가야

　　　　　　　　　　　이승만 전 대통령은 지난 1950년 10월 27일 평양 탈환 시민대회에서, "뭉치면 살고 흩어지면 죽는다"고 했습니다. 북한의 침략으로 인해 대한민국이 공산화의 갈림길에 섰던 상황에서, 이른바 '국민 통합'과 '단결'을 호소하는 외침이었죠.

　그러나 이 전 대통령이 통치 기간 동안 마치 봉건 군주처럼 군림하는 모습을 보이자, 야당에서는 "못 살겠다, 갈아보자"는 슬로건을 제시했습니다. 뭉쳐서 살긴 했지만, 지금 처한 상황은 '살아 있어도 사는 게 아니다'라는 취지를 담아서요.

　박정희 전 대통령은 지난 1979년 유신 말기 무렵, 청와대 출입 기자들이 장기 집권과 인권 침해 우려 등에 대한 질문을 하면 "나의 조국 근대화가 잘못됐다고 역사적 평가를 받게 된다면 대한민국의 후대들이 나의 무덤을 향해 저주의 침을 뱉으라"고 반박했다고 전해지죠.

아마도 모든 대통령들에게 공과가 있을 텐데요. 대한민국 산업화의 큰 초석을 다진 데다 산림녹화 사업과 같은 디테일까지도 챙겼던 박 전 대통령의 업적業績은 간 데 없고, "내 무덤에 침을 뱉으라"는 말만 쏙 빼 부정적으로 차용되기도 했습니다. "네 무덤에 침을 뱉으마"라면서요.

JP가 초대 중앙정보부장에서 물러난 뒤 외유를 떠나며 했던 "자의 반, 타의 반"이라는 말도 정치권에서 널리 쓰리고 있습니다.

국가정보원의 전신인 중앙정보부는, 지난 1961년 '5·16 쿠테타' 이후 25일 만에 첫발을 내디뎠는데요.

주가를 조작해 부당이득을 챙겼다는 '증권파동', 정부자금으로 워커힐을 건설하면서 돈을 횡령했다는 '워커힐 사건', 일본에서 승용차를 불법으로 들여와 폭리를 취했다는 '새나라자동차 사건', 일본에서 파친코 기계 500대를 들여다 특정인들에게 영업을 허가해 줬다는 '파친코 사건' 등 이른바 4대 의혹사건이 불거지자, 책임을 지고 JP가 사표를 냈습니다.

그리고는 1963년 2월 외국으로 출국하려는 길에 기자들이 "왜 떠나느냐"고 묻자, JP는 "자의 반, 타의 반"이라는 말만 남기고 비행기에 몸을 실었습니다.

모두들 대한민국에서 큰 획을 그으셨던 분들로, 산이 높은 만큼 골도 깊어 평가가 조금은 나뉘어 있는 것 같아 안타까움도들긴 하는데요.

잘 된 것은 배우고 잘못된 것은 반면교사로 삼으면 좋으련만,

우리 정치권이 잘못된 것을 따라하고 서로 욕만 하는 것 같은 느낌이 들어 더더욱 아쉬움이 남습니다.

초선 국회의원 등 소위 '정치 신인'들은 개혁성을 바탕으로 한 '참신함'이 요구되는데요.

'뭉치면 공천이요, 흩어지면 낙천'이라는 생각에 거수기가 되고, 우려되는 언행에 대해 이야기하면 '네 무덤에 침을 뱉으마'라며 반발하고, 국회에서 왜 그렇게 큰 소리로 싸우냐고 물으면 '자의 반, 타의 반'이라는 아리송한 답변만 내놓고 있으니 말입니다.

저는 글을 쓸 때 아이디어가 떠오르지 않으면, 소위 '작은 별 변주곡'을 들으면서 장고長考에 들어갑니다. 모차르트Wolfgang Amadeus Mozart가 프랑스 민요「아! 말씀드릴게요, 어머니」를 주제로, 그의 어머니가 돌아가시고 난 뒤인 지난 1778년에 쓴 피아노곡인데요. 오스트리아를 떠나 파리를 여행하던 중 우연히 프랑스 민요를 듣게 되면서 작곡하게 됐다고 합니다.

동요 '반짝반짝 작은별'은 프랑스 민요의 가락에, 19세기 영국의 시인인 '제인 테일러'의 시를 가사로 붙여 완성된 것으로 전해지는데요.

우리가 이 곡을 피아노로 연주하려면, 우선 '반짝반짝 작은 별'에서부터 시작해 각종 기술과 기교를 습득한 뒤, '작은 별 변주곡'으로 넘어가게 됩니다. 연습 등의 오랜 경험이 쌓이게 되면요. 기본도 안 돼 있는데 변주곡부터 칠 수는 없는 노릇입니다. 실제로 치는 것도 불가능하고요.

뭐든 기본이 중요합니다. 정치도 마찬가지고요. 그런데 등장할 때부터 기교를 부리기 시작해, 4년 임기 막바지까지 기본은 잊은 채 소화시킬 수도 없는 '각종 변주'만 연주하려는 정치 신인들이 많이 보여 안타까울 따름입니다.

그런 모습들을 볼 때면 '작은 별' 영어 가사 그대로, 반짝거리는 작은 별인 초선 의원이 어떤 존재일까 참 궁금한 생각(Twinkle, twinkle, little star, How I wonder what you are)이 듭니다.

세상 저 높은 곳에 있는, 하늘에 있는 다이아몬드 같은 분들(Up above the world so high, Like a diamond in the sky)이 하찮은 거수기처럼 느껴지니 말이죠.

우리 국민들 정말 심플합니다. 가장 기본이 되는 '대한민국 헌법 제1조' 그 하나만으로도 열성적인 지지를 보내니 말입니다.

복잡하게 생각할 것 없습니다. '작은 별 변주곡'이 쓰여진 것으로 추정되는 그 해에 생을 마감한 루소의 말처럼, '자연'으로 돌아가 본연의 인간성과 정치 입문 직전에 가졌던 그 순수성을 되찾으시면 충분합니다.

맺음말

    책에서 살펴본 대로 선거를 이기거나 정권을 내주는 것은 모두, '전적으로' 유권자의 마음에 달린 건데요. 더 많은 지지를 얻기 위해 정치권이 가운데로 수렴하는 게 아니라 양극단으로 치우치고, 사회가 지속적으로 둘로 쪼개져 있는 상황은 여야의 공천公薦 '룰rule' 변경과 무관치 않다는 생각이 듭니다.

    여당인 국민의힘과 원내제1당인 민주당 모두 지도부를 선출할 때, 총선 혹은 지방선거 공천자를 결정할 때 '민심民心'보다 '당심黨心'을 우선 반영하는 것으로 개정한 부분 때문에요.

    그 이후 상대적으로 당원의 권한이 강화되자, 당 운영이 점차 민심과 멀어지기 시작한 것으로 보입니다. 당원들이 SNS 등을 통해 지도부를 압박하거나, 소속 의원들에게 문자폭탄을 보내는 모습도 그 이후에 보다 심화된 것 같다는 관측이 많은 게 사실이고요.

    과거와 달리 '정치에 낭만浪漫이 사라졌다'는 이야기가 심심치 않게 나오는 것도, 국민 전체가 아닌 당원 위주의 정치를 하고 있기 때문이란 생각이 드는데요.

　보수와 진보가 모두 가운데 방향을 보면서 달리고, 그런 가운데 공정 경쟁이 이뤄져야 하는데 그렇게 안 되고 있는 현실이 안타까울 따름입니다.

　이런 상황 속에서는 '선하고 순수한' 그 어떤 분들이 국회에 입성하더라도, 결국 '그레셤의 법칙 Gresham's law'처럼 '양화良貨가 악화惡貨에 구축驅逐'될 수밖에 없습니다. 이런 정치 환경으로 인해, 국회에 계속 남아계셔야 할 훌륭한 분들이 진저리치며 떠나버리게 되는 것이고요.

　이런 측면에서, 비록 제5장에서 제도 개편보다는 결국 선한 정치가 필요하다는 언급은 했지만, 제22대 총선을 앞두고 정치인들이 '당원'이 아니라 '국민'의 눈치를 볼 수 있도록 다시 과거의 제도로 원위치 시켜야 조금이라도 개선되지 않겠습니까?

　소위 '역선택 문제'는 기술적으로 충분히 해결 가능하다고 하니, 제도 개선은 결국 위정자들의 의지에 달린 문제일 것입니다.

　국민의, 국민에 의한, 국민을 위한 정치를 해야 하는 대통령大統領의 인사는 이런 측면에서도 매우 중요합니다.

　윤석열 대통령은 대선 국면에서 "국민의 지지와 성원이 지속되지 않는다는 것을 압니다. 지금의 이 지지가 비판과 분노로 바뀌지 않도록 하겠습니다"라고 수차례 약속했습니다.

　이러한 이치는 전직 대통령 모두가 알고는 계셨을 것입니다. 박근혜 전 대통령은 의정활동 기간에 "민심은 파도와도 같다. 뒤

맺음말

에서 밀어주기도 하지만, 성나면 배를 뒤집기도 한다"고 자주 이야기했고요.

문재인 대통령도 취임사에서 "저를 지지하지 않았던 국민 한분 한분도 '저의 국민'이고, '우리의 국민'으로 섬기겠다"고 했지만, 결국 이 역시도 지키지 못한 약속이 됐습니다.

국민을 이기려 들거나 가르치려 들고, 국민을 이간질시키며 극단으로 치닫게 하는 정치가 성공한 사례는 보지 못했습니다. 이제는 안타까운 역사, 되돌리고 싶은 역사와 작별해야 할 때입니다.

미국 사회운동가 에릭 호퍼는 "대중운동이 시작되고 전파되려면 신에 대한 믿음 없어도 가능하지만, 악마에 대한 믿음 없이는 불가능하다. 대중운동의 힘은 대개 악마가 얼마나 선명하며, 얼마나 만져질 듯 생생하냐에 비례한다"고 했는데요.

이처럼 멀쩡한 사람을 악마로 만드는 정치의 종언을 꿈꿔봅니다. 그런 측면에서 『선거 이기는 인사, 정권 내주는 망사』가 그러한 정치, 그런 생각을 가진 분들과의 작별하는데 미력이나마 도움이 될 수 있기를 바랄 뿐입니다.

역대 정권이 받아든 '선거 성적표'를 분석해보면, 국민들은 정권에 힘이 돼주고 싶을 때 표를 줬고 정권에 들어간 힘이 과도하다고 느꼈을 땐 그 오만함을 심판했습니다. 정권에 너무 힘이 들어갔다 싶으면, 힘을 '한 번 더' 실어주지는 않았던 것이죠.

마치, 세상 무서운 것을 모르고 행동했던 '에리스크톤'에게 형벌을 내린 '데메테르 여신'처럼요.

로마 제국의 제16대 황제인 '마르쿠스 아우렐리우스Marcus Aurelius Antoninus'의 『명상록』 글귀를 끝으로 이 책의 대단원을 맺을까 합니다.

마르쿠스 아우렐리우스는 『명상록』에 "온유하고 흡족한 마음으로 세상을 떠나라. 잘 익은 올리브 열매가 땅에 떨어지며 자기를 있게 해 준 대지를 찬양하고, 자기를 맺게 해준 나무에게 감사하듯"이라는 문장을 남겼습니다.

죽음마저 관조하는 그에 미치지는 못하더라도, 대통령을 비롯한 위정자들이 자신을 있게 해준 유권자들을 찬양하고 자신을 키워준 국민들에게 감사한 마음을 항상 지닌 채 정치를 한다면 최소한 '인사'가 '망사'될 일은 없지 않겠습니까?

대통령이 대부분의 인사에서 국민 대다수에게 "인사 참 마음에 들게 잘 했다"는 이야기를 듣게 되는 그 날이, 하루 빨리 오기를 기대해봅니다. 감사합니다.

참고문헌

1. 서모셋 모음『달과 6펜스』민음사, 2008.
2. 도나 캐머런『아주 작은 친절의 힘 카인드』포레스트북스, 2021.
3. 밥돌『대통령의 위트』, 아테네, 2008.
4. 슬라보예 지젝『용기의 정치학』, 다산북스, 2020.
5. 이광형『카이스트의 시간』김영사, 2020.
6. 스티븐 레비츠키, 대니얼 지블랫『어떻게 민주주의는 무너지는가』어크로스, 2018.
7. 한용운『한용운의 채근담 강의』필맥, 2005.
8. 마르쿠스 아우렐리우스『명상록』현대지성, 2018.
9. 앤서니 기든스『현대사회학』을유문화사, 2007.
10. 전영기『성공한 권력』사회평론, 2000.
11. 문희상『대통령』경계, 2017.
12. 최재천『실패를 해낸다는 것』민음인, 2022.
13. 최병천『좋은 불평등』메디치미디어, 2022.
14. 김광웅『좋은 정부』21세기북스, 2018.
15. 박희봉『좋은 정부, 나쁜 정부』책세상, 2013.
16. 함성득『제왕적 대통령의 종언』나남, 2017.
17. 함성득『대통령 당선자의 성공과 실패』나남, 2012.
18. 플라톤『국가론』돋을새김, 2006.
19. 박근혜『절망은 나를 단련시키고, 희망은 나를 움직인다』위즈덤하우스, 2007.
20. 문재인『운명』가교, 2011.
21. 조국『조국의 시간』한길사, 2021.
22. 토머스 L. 프리드먼『렉서스와 올리브나무』미상, 2003.
23. 시오노 나나미『로마인 이야기』한길사, 1998.
24. 루스 베네딕트『국화와 칼』을유문화사, 2019.
25. 플라톤『국가론』돋을새김, 2006.
26. 애덤 스미스『국부론』동서문화사, 2016.
27. 김황식『총리실 880일의 기록, 소통 공감 그리고 연대』21세기북스, 2021.

28. 김병준 『국가, 있어야 할 곳에는 없고, 없어야 할 곳에는 있다』 선, 2021.
29. 피터 자이한 『붕괴하는 세계와 인구학』 김앤김북스, 2023.
30. 밀턴 프리드먼, 로즈 프리드먼 『선택할 자유』 자유기업원, 2022.
31. 몽테뉴 『수상록』 한국헤르만헤세, 2016.
32. 니콜로 마키아벨리 『군주론』 서울대학교출판문화원, 2013.
33. 로버트 캐슬런 2세, 마이클 매슈스 『인성의 힘』 리더스북, 2021.
34. 린다 유 『위대한 경제학자들의 대담한 제안』 청림출판, 2020.
35. 강원국 『나는 말하듯이 쓴다, 강원국의 말 잘하고 글 잘 쓰는 법』 위즈덤하우스, 2020.
36. 카멀라 해리스 『우리가 가진 진실』 늘봄, 2021.
37. 버나드 마넹 『선거는 민주적인가』 후마니타스, 2004.
38. 마이클 샌델 『공정하다는 착각』 와이즈베리, 2020.
39. 송희영 『보수주의자의 삶』 21세기북스, 2021.
40. 이완구 『약속을 지키는 사람』 조선앤북, 2011.
41. 박남춘 『대통령의 인사』 책보세, 2013.
42. 송국건 『대통령의 사람 쓰기』 세이코리아, 2022.
43. 아담 스미스 『국부』 비봉출판사, 2007.
44. 김잔디 『나는 피해호소인이 아닙니다』 천년의 상상, 2022.
45. 김병준 『99%를 위한 대통령은 없다』 개마고원, 2012.
46. 재레드 다이아몬드 『총, 균, 쇠』 문학사상사, 2014.
47. 홍자성 『채근담』 인간사랑, 2013.
48. 폴 켄고르 『레이건 일레븐』 열아홉, 2020.
49. 이하원 『사무라이와 양키의 퀀텀점프』 박영사, 2022.
50. 윤희숙 『정치의 배신』 쌤앤파커스, 2021.
51. 노무현 『노무현이 만난 링컨』 학고재, 2001.
52. 채복기 『우리에게 다시 필요한 링컨』 북스토리, 2021
53. 로버트 개플런 『카플란의 현명한 정치가』 미지북스, 2023
54. 백대우 『청와대 출입기자가 본 조국의 시간, 윤석열의 시간』 글마당, 2022.
55. 백대우 「문재인 정부의 소득주도성장론 : 실태 연구 및 그에 대한 정책적 보완 방안 제시」 한국과학기술원, 2019

지은이 | 백대우
만든이 | 하경숙
만든곳 | 글마당

책임 편집디자인 | 정다희
표지 디자인 | 김혜원
(등록 제2008-000048호)

2023년 7월 17일
2023년 7월 31일

주소 | 서울시 송파구 송파대로 28길 32
전화 | 02. 451. 1227
팩스 | 02. 6280. 0077
홈페이지 | www.gulmadang.com
이메일 | vincent@gulmadang.com

ISBN 979-11-90244-36-7(03300)   값 17,000원

◆ 허락없이 부분 게재나 무단 인용은 저작권법의 저촉을 받을 수 있습니다.
◆ 잘못된 책은 바꾸어 드립니다.